ÜBER BAYERN

FASZINIERENDE ANSICHTEN UND NEUE PERSPEKTIVEN VON OBEN

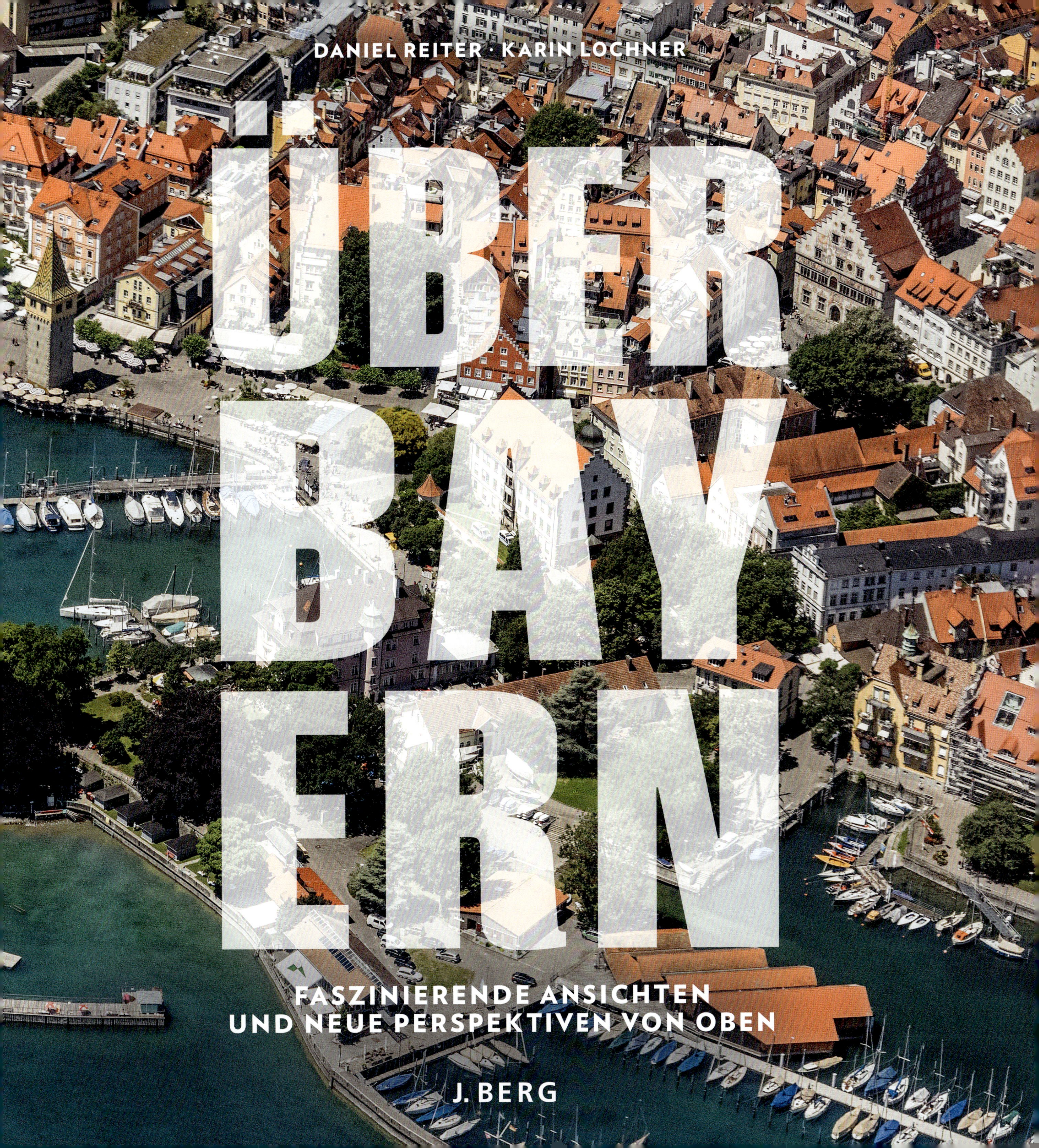

DANIEL REITER · KARIN LOCHNER

ÜBER BAYERN

FASZINIERENDE ANSICHTEN
UND NEUE PERSPEKTIVEN VON OBEN

J. BERG

INHALT

Lufthansa
Lufthansa
Lufthansa
Lufthansa
Lufthansa
Lufthansa

Lufthansa
Lufthansa

WAS BAYERN VON OBEN ÜBER BAYERN ERZÄHLT

Als Daniel Reiter über Bayern flog, und das macht er seit vielen Jahren immer wieder, nahm er ein Land aus Wäldern, Wiesen und Hunderten Grüntönen wahr. Anfangs und bei seinen ersten Flügen drängte sich ihm der Gedanke geradezu auf, dass seine Heimat aus grenzenlosen Märchenlandschaften besteht.

Selbst manche Großstadt erschien ihm wie ein Puzzle aus Gartenanlagen. Die Berge, Flüsse, Seen, Lilliputdörfer – ihr Anblick ließ Daniel Reiters Herz höher schlagen. Er realisierte: Deutschlands südlichstes Bundesland sieht von oben ganz zweifellos idyllisch aus. Städte, Wälder, Felder in satten Farben. Landschaften wie aus einem kitschigen Film. Sogar Kieswerke, Messegelände und Industrieanlagen zeigten aus der Luft eine eigene Ästhetik. Mit feinen Strukturen und farblichen Abstufungen, die vom Boden aus betrachtet nie und nimmer auszumachen sind. Schönheit, Erhabenheit, zauberhafte Bilder. Was man alles zeigen konnte! Aber wollte er das? Daniel Reiter grübelte.

Zu Beginn des 19. Jahrhunderts wurde das Heimatgefühl idealisiert, zumal in Landschaften, wie sie etwa in den Bildern von Caspar David Friedrich zu sehen sind. Die Romantiker waren innig verliebt in Natur, Seele, Heimat, und manchmal auch in eine Frau oder einen Mann. Meist aber in ihre eigene Glückseligkeit. Sie wollten ein einfaches, gemütsreiches Leben im Einklang mit der Natur. »Wo gehen wir denn hin?«, fragte der Dichter Novalis und gab sich selbst die Antwort: »Immer nach Hause.« All das ist in den kollektiven Heimatbegriff eingeflossen. Und die Bayern waren besonders gut darin. Natur, Dorf, Gemeinschaft, dazu das Glockenläuten vom nahen Kirchturm. Seine bayerische Heimat so zu zeigen, war Daniel Reiter zu eindimensional. So klingt Heimat nach Schmalz und Pathos.

Denn nicht nur von oben, auch in der Außenwahrnehmung, von unten sozusagen, hat sich ein klischeehaftes Bayern-Bild festgesetzt: jenes von tiefblauen Seen vor majestätischen Bergkulissen.

Abgehoben vom Boden der Tatsachen

Und obwohl der Fotograf mit seinen Aufnahmen all die weiß-blaue Idylle ohne Schwierigkeiten und hundertfach bestätigen konnte, schärfte er über die Jahre seinen Blick. Denn es gibt über Bayern so viel mehr zu entdecken. Unten, auf der Erde und dem Boden der Tatsachen wird vielfach das klischeehafte Bild bestätigt, von Globetrottern weltweit sogar auf ganz Deutschland übertragen. Die allermeisten Touristen aus fernen Ländern unterscheiden nicht, wo genau Neuschwanstein und Oberammergau liegen. Sie sind halt Teil ihrer Tour durch »romantic Germany«.

Schloss Nymphenburg Die ehemalige Sommerresidenz der Wittelsbacher im Münchner Westen ist eine Oase der Ruhe im Großstadttrubel. Schloss und Park sind touristischer Hotspot und Rückzugsort für Mensch und Tier zugleich.

Weiß-blaue Idylle

Aber nicht nur Touristen, auch die Einheimischen sind geblendet. Kaum eine Erfolgsstatistik, in der der Freistaat nicht vorne liegt. Bayern hat mit die höchste Wirtschaftskraft der Bundesrepublik, es hat die meisten Feiertage, die niedrigste Arbeitslosenquote. Es ist führend bei den erneuerbaren Energien – zumindest in absoluten Zahlen. Eine Insel der Glückseligen. Also doch nur die ewige weiß-blaue Idylle? Daniel Reiter sträubte sich, diese Bilder zu zeigen, jedenfalls nicht ausschließlich, denn 100 Prozent Harmonie wird schnell zu 100 Prozent Langeweile. Er versuchte, seinen Bildern das Pathos zu nehmen, ironische Seitenblicke zuzulassen. Zu verblüffen und Bekanntes zu verfremden. Das ist ihm gelungen.

Der Fotokünstler Daniel Reiter hat seine Heimat Bayern mit eigenen Augen in Szene gesetzt. Mit besonderem Blick. Der ist mal augenzwinkernd, mal verblüfft. Es ist dennoch keine Übertreibung zu sagen, der Fotograf hat dem Freistaat damit ein Denkmal beschert. Gerade weil seine Perspektiven viel mehr zeigen, als man eigentlich erwartet.

Dieser Bildband schenkt dem Betrachter mannigfache Inspirationen zum Innehalten. Zum still Staunen und Fernsehen – ohne selbst in die Lüfte zu steigen und auch ohne einen Bildschirm.

Fernsehen über den Wolken

Beim Blick über die Schulter des Fotografen ergreift wohl fast jeden die Sehnsucht nach einer Welt über den Wolken und einer Freiheit, die uns flügellosen Geschöpfen nicht zugänglich ist. Wer bereits das Glück hatte, im Heißluftballon, Hubschrauber oder Segelflugzeug über Bayern schweben zu können, konnte diese Faszination schon einmal spüren, wenn auch nur in kleinen Ausschnitten, oftmals ohnehin nur aus einem begrenzten Ausguck.

Wie gut, dass der Überflieger Daniel Reiter diese Vielzahl der Bilder, diese Grenzenlosigkeit der Landschaften aus der Luft für uns eingefangen hat. Wir können mit ihm staunen. Ihm nahekommen. Seit anderthalb Jahrzehnten fasziniert von Luftbildern, widmet er sich, nicht ausschließlich, aber mit all seiner Leidenschaft, dieser Art der Fotokunst und hat bereits Auszeichnungen, nationale und internationale, dafür erhalten. In diesem Bildband kann es keine vollständige Darstellung von Deutschlands Süden geben. Das wollte der Fotograf gar nicht und es wäre bei der riesengroßen Auswahl der Bilder ohnehin nicht machbar.

So wurde bei der buchstäblichen Qual der Wahl, welches Foto in diesem Bildband verewigt wird, entschieden, auf die ein oder andere Sehenswürdigkeit zu verzichten, um stattdessen Ansichten zu präsentieren, die verwirren dürfen. Die dazu einladen, länger mit dem Blick zu verweilen, um herauszufinden,

Frauenchiemsee Das Mini-Eiland wird von den Einheimischen »Fraueninsel« genannt. Nach der Herreninsel ist sie die zweitgrößte der drei Inseln im Chiemsee, bekannt für das Benediktinerinnenkloster und die 1000-jährigen Linden.

wo und wie ein Motiv zu deuten ist. Was es erzählt. Ganz unterschiedliche Einsichten können uns die abwechslungsreichen bayerischen Landstriche von oben bieten. Machen wir den Vorhang auf!

Zu entdecken gibt es sanfte Hügel, bedrohliche Berggipfel, verwunschene Inseln, glasklare Seen, imposante Berge und Ausblicke zum Wegträumen. Dazwischen Architektur aus einem – im wahren Wortsinn – anderen Blickwinkel und geometrische Formen wie in einem Kunstdruck, Sonnenlicht wie Laserstrahlen.

Bilderbuch oder abstrakte Malerei?

Mal wirkt die Landschaft wie aus dem Bilderbuch, mal wie abstrakte Malerei, mal wie ein futuristisches Rätsel. Da gibt es Perspektiven, die wir auf den ersten Blick nicht einschätzen können. Ist das ein Kinderspielzeug? Stirnrunzelnd können wir nur den Kopf schütteln, das kann gar nicht sein. Aha, es ist ein Spaßbad. Und das hier, mit

MESSEGELÄNDE MÜNCHEN Hier gibt es mehr als Messen. Mit 130 000 Zuschauern fand im August 2022 das größte Konzert statt, das je eine Künstlerin in Deutschland gegeben hat: Helene Fischer sang sich bei strömendem Regen atemlos.

den weichen Konturen, vibrierenden Farbflächen und monochromen Farbtönen, das sieht doch aus wie ein Gemälde von Mark Rothko? Aber nein, es sind Felder zwischen den Bauerndörfern Wechingen und Munningen im Nördlinger Ries. Und dann wieder flaches Land im Nirgendwo, Rübenäcker, schlichte Häuser, nicht herausgeputzt, in der Ferne Schornsteine, als einzige Landmarken, die herausstechen. Auch so kann Bayern aussehen. Es gibt sie also, die bayerischen Ansichten, die vermutlich niemals auf Kühlschrankmagneten in Souvenirshops zu finden sein werden.

Der Blick von oben macht nicht Halt, wenn der Landkreis oder die Ortschaft oder die Idylle aufhören. Grenzenlos lässt sich staunen, wie vielfältig Bayern ist. Abwechslungsreich und fesselnd.

Flach ist das Land, seenreich und weit, und dann steigen ganz plötzlich die Berge auf. Aus der Vogelperspektive betrachtet, erinnert manches Motiv an die Karibik. Das Wasser leuchtet nicht nur von der Ruderregattastrecke Oberschleißheim türkis nach oben. Und es ist so klar, dass der helle Grund durchscheint. Auch das Ostufer des Chiemsees wirkt exotisch und geheimnisvoll. Sichtbar sind versteckte Badenischen an stillen Stränden. Unten am Ufer sind diese kleinen Buchten mitunter Geheimtipps und wesentlich schwieriger auszumachen als von oben.

Kirchtürme und mittelalterliche Städte

Pittoreske Städte und idyllische Landschaften – welche Schätze wir erblicken! Und wie gut alles zu sehen ist. Die Kirchtürme, die sich in den Himmel strecken und seit Jahrhunderten den Ortskern markieren. Die mittelalterlichen Städte, als wären sie hindrapiert für eine Modelleisenbahnlandschaft. Die bayerischen Voralpen, bei Föhn zum Greifen nah.

Die mächtigen Bergspitzen wirken auf einmal filigran und reihen sich am Horizont wie Scherenschnitte in Blautönen auf. Foto oder Malerei? Es muss sich wohl um Fotos handeln, wir haben schließlich einen Bildband in den Händen!

Lindau am Bodensee, mit der Altstadt auf einer Insel, verzaubert mit Fachwerk, verwinkelten Gassen, seiner Strandpromenade und schaukelnden Booten.

Am Ostrand des Ammersees stellt sich dem Betrachter die Frage, welches Gebäude nur liegt so privilegiert in der märchenhaften Uferlandschaft aus Blau und Grün? Es ist Schloss Rezensried.

Oasen der Ruhe und Kraftorte

Schloss Nymphenburg zeigt sich als eine Oase der Ruhe in der Großstadt München. Schloss und Park sind ein touristischer

CHIEMSEE Er ist Bayerns größter See. Das »bayerische Meer« ist ein beliebtes Ausflugsziel zum Baden, Surfen und Segeln. Und am Ostufer gibt es zahlreiche Landschaftsschutzgebiete, die nur zu Fuß, mit dem Rad oder im Boot zu erreichen sind.

Hotspot und zugleich Rückzugsort für Mensch und Tier. Dass Schloss Nymphenburg diesen Spagat schafft, verdeutlicht der Blick von oben. Die ehemalige Sommerresidenz der Wittelsbacher im Münchner Westen ist mit ihren Parkanlagen so großzügig angelegt, dass hier neben den zahlreichen Touristen auch die Großstädter ruhige Flecken finden. Genauso übrigens wie seltene Insekten und scheue Wildtiere – auch wenn diese Bewohner ausnahmsweise nicht von oben zu sehen sind.

Smaragdfarben strahlt uns ein malerisches Mini-Eiland aus dem größten der bayerischen Seen entgegen, dem Chiemsee. 55 Hektar pure Schönheit, umgeben von blauen Wogen. Es ist die Insel Frauenchiemsee, die von den Sonnenstrahlen in ein mediterranes Licht getaucht wird. Sie ist nach der Herreninsel die zweitgrößte der drei Inseln im Chiemsee. Sechs Inselfischer gibt es hier noch. Die alteingesessenen Fischerfamilien verkaufen ihre fangfrische und geräucherte Ware. Auf Daniel Reiters Foto kann man sie suchen wie auf einem Wimmelbild. Auch für

BAMBERG Die Bamberger Altstadt wurde 1993 von der UNESCO als Weltkulturerbe ausgezeichnet: Sie repräsentiert in einzigartiger Weise eine mittelalterliche Grundstruktur, die sich durch die Jahrhunderte bis zum heutigen Tag erhalten hat.

die uralten Linden ist die Fraueninsel berühmt, die älteste von ihnen ist schon über tausend Jahre alt und in einem erstaunlich guten Zustand. Die Baumgruppe ist von oben gut auszumachen. Die Linden sind einer der Gründe, warum die Insel als Kraftort gilt. Selbst wer noch nicht hier war, kann sich das beim Blick von oben vorstellen. Leicht zu finden ist das Benediktinerinnenkloster, das die Insel seit einem guten Jahrtausend dominiert. Der Name der Insel geht auf ebenjenes Kloster zurück. Denn offiziell heißt es Frauenwörth. Schon im Jahr 782 hat es Herzog Tassilo III. von Bayern gegründet. Die kleine Insel zog die Menschen aber bereits viel früher an, bereits in der Steinzeit wurde sie besiedelt. Rund 180 Inselbewohner leben heute noch hier. Von oben kann man ihre Häuser betrachten und sinnieren: Wäre das auch ein Leben für mich? Ein Lummerlandleben. Wie ist es wohl, wenn tagsüber zur Urlaubszeit Hochbetrieb herrscht und abends, wenn der letzte Dampfer ans Festland getuckert ist, Stille einkehrt?

INGOLSTADT Die fünftgrößte Stadt Bayerns hat eine nahezu vollständig erhaltene historische Altstadt mit rund 600 Baudenkmälern aus allen geschichtlichen Epochen.

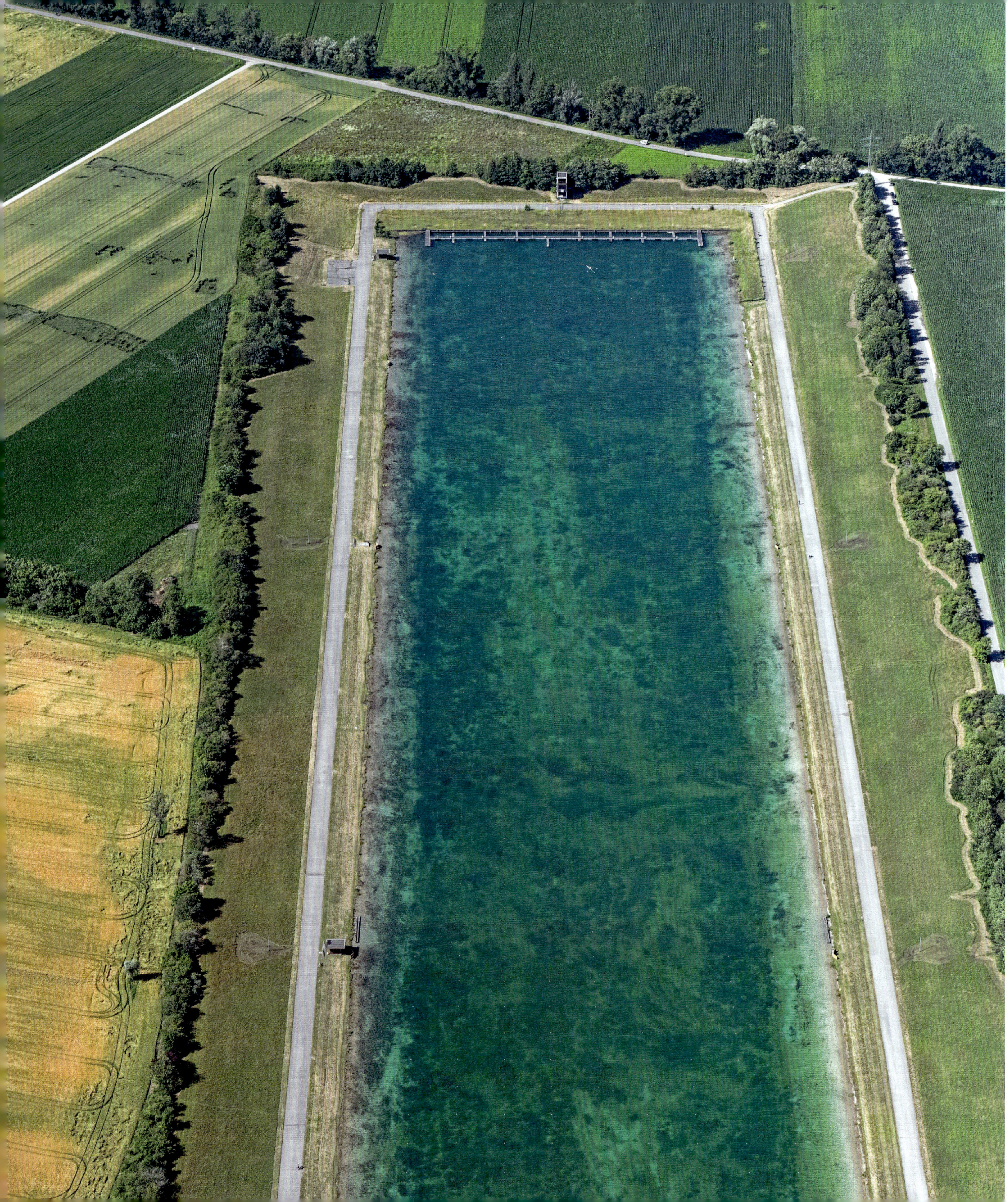

UNESCO-Weltkulturerbe

Die Altstadt von Bamberg gehört bereits seit 1993 zum UNESCO-Weltkulturerbe. Das beeindruckende städtebauliche Ensemble aus dem Hochmittelalter glänzt mit zahlreichen Sehenswürdigkeiten. Besonders beeindruckend ist das Alte Rathaus, das auf einer künstlichen Insel inmitten des Flusses Regnitz errichtet wurde. Angeblich, weil der Bischof von Bamberg den Bürgern keinen Platz für den Bau eines Rathauses gewähren wollte. Heute ist das pittoreske Bauwerk mitten im Fluss ein beliebtes Fotomotiv für die zahlreichen Touristen, die das besondere Flair der Stadt genießen. Wer alle sehenswerten Kirchen, allen voran den beeindruckenden Dom mit dem berühmten Bamberger Reiter, besichtigen möchte, muss allerdings gut zu Fuß sein. Bamberg ist nämlich, wie Rom, auf sieben Hügeln erbaut. Da lässt sich die Pracht von oben doch viel entspannter betrachten.

Beim Foto von Regensburg ahnen wir an der gut erhaltenen Architektur die ruhmreiche Vergangenheit als mittelalterliches Handelszentrum. Die Hauptstadt der Oberpfalz ist berühmt für ihre Altstadt. Sie ist die einzige bis heute erhaltene mittelalterliche Großstadt Deutschlands und zählt deswegen ebenfalls zum UNESCO-Weltkulturerbe. Was niemand wundert, denn in der ganzen Stadt kann man über originale gotische und romanische Bauwerke staunen. Eine der bekanntesten Sehenswürdigkeiten – nach dem Dom – ist die Steinerne Brücke, die die historische Altstadt mit dem Stadtteil Stadtamhof verbindet. Ein mittelalterliches Meisterwerk der Baukunst. Der Blick von oben macht Lust, Regensburg selbst zu erkunden, die kleinen Läden und Gässchen mit ihren vielen Durchschlupfen zu durchstreifen. Was auf einer Luftbildaufnahme nicht wiedergegeben werden kann, ist übrigens ein Gewürzladen hinter der Grieb gegenüber der ehemaligen Alten Filmbühne. Da duftet es immer so fein. Auch die Fotokunst hat bisweilen ihre Grenzen.

Heimat und Geborgenheit

Für Daniel Reiter ist Heimat ein schönes Wort. Zu Hause steckt darin. Heimeligkeit. Vertrautheit. Geborgenheit. Wer fern der Heimat ist, hat mitunter Heimweh, weil er etwas vermisst, was es nur an diesem einen Ort gibt. Was Heimat alles bedeuten kann und wie vielfältig seine bayerische Heimat ist, zeigt uns dieser Bildband, der den Zauber über Bayern einfängt. Mit einem Augenzwinkern. Und vielen Überraschungen. Zum Seufzen schön.

Karin Lochner

Oberschleissheim Seit den Olympischen Spielen von 1972 ist die Regattastrecke nicht nur in der Sportwelt ein Begriff, sondern auch ein beliebtes Erholungsgebiet. Sie liegt im Münchner Grüngürtel im Dachauer Moos.

STÄDTE UND LANDSCHAFTEN

HÄUSERMEER

Das Häusermeer erzählt Hunderte Geschichten. Daniel Reiters fotografischer Blick lenkt von oben auf die Vielzahl der Dächer. Insbesondere auf die Giebel, die in den Himmel ragen. Was sich uns heute so malerisch präsentiert, weist auf den Baustil, der en vogue war, als ein Ort entstand. Wir erkennen am Häusermeer die klimatischen Bedingungen und die einstigen Lebensformen und Tätigkeiten der Bewohner und Bewohnerinnen. Aber auch technische Möglichkeiten und Moden spielen eine Rolle beim Städtebau, was von oben hervorragend zu erkennen ist. Weil im Mittelalter die Fachwerkhäuser mit Stroh gedeckt wurden, sind die Giebel fast immer spitz. So konnte der Regen schnell ablaufen und das Stroh blieb nicht lange nass. Mancher Baustil breitete sich in die nächste Region aus. Es ist kein Zufall, dass die prächtigsten mittelalterlichen Städte Bayerns im Umkreis von 70 Kilometern zu finden sind und erstaunliche Ähnlichkeiten aufweisen: Rothenburg ob der Tauber und Dinkelsbühl in Franken sowie Nördlingen im Regierungsbezirk Schwaben. Die Städte gleichen sich mit ihren engen Gassen, spitzen Giebeln und der sternförmigen Ausrichtung auf die Kirche. Alle drei mittelalterlichen Schönheiten liegen auf der Route der Romantischen Straße.

Ortschaften haben sich über Jahrhunderte entwickelt. Erfahrungen wurden weitergegeben. Bekanntes wurde immer wieder nachgebaut. Mittelalterliche Städte prägen Bayern fast genauso wie saftige Wiesen, dichte Wälder und der weiß-blaue Himmel. Das ist von oben gut sichtbar. In Altbayern gab es mehr Nadelholz für den Hausbau. Das wächst relativ gerade. Es bietet sich daher für den Massivhausbau an. Im nördlichen Schwaben und in Franken gibt es hingegen mehr Laubwälder. Laubholz wächst gebogener. Aus diesem Grund hat sich dort das Fachwerk durchgesetzt. Die Krümmung des sichtbaren Holzbalkens konnte sehr gut mit Zwischenmaterial ausgeglichen werden.

In Nördlingen ist dies bis zur Meisterschaft perfektioniert worden. Beim Spaziergang durch eine der schönsten Altstädte Deutschlands ist die Fachwerktechnik gut sichtbar. Dabei sind sowohl ärmliche Häuschen als auch imposante Bürgerhäuser aus Fachwerk zu entdecken. Durch den Schutz von Graben, Schanzen und Stadtmauer galt Nördlingen im Mittelalter als uneinnehmbar. Noch heute findet alle drei Jahre am zweiten Septemberwochenende das Stadtmauerfest mit Umzügen, Musik und Zeltlagern statt. Den besten Überblick gibt es beim Rundgang oben auf der Stadtmauer. Keine andere Stadtmauer Deutschlands ist so gut erhalten und gleichzeitig rundum begehbar. An jedem der fünf Türme der Stadttore kann man hochsteigen und den Stadtmauergang antreten. Dann heißt es nur noch, sich zu entscheiden: rechtsherum oder linksherum? Gerade für Kinder ist es ein großer Spaß, einen Wettbewerb daraus zu machen, wann genau wieder das Stadttor erreicht wird, an dem der Rundgang seinen Anfang nahm.

AUGSBURG Gleichzeitig Großstadt und Dorf, Best of Both Worlds, so schwärmen jedenfalls die Augsburger von ihrer Stadt. ◁

WEMDING IM NÖRDLINGER RIES Der mittelalterliche Kern ist – wie bei etlichen Orten in der Nachbarschaft – gut sichtbar. △△

Nördlingen Attraktion ist die einzige vollständig erhaltene Stadtmauer Deutschlands. Sie ist nahezu komplett überdacht, sodass man die Altstadt trockenen Fußes gemütlich umrunden kann.

Bad Windsheim Die Stadt hat eine über tausendjährige bewegte Geschichte. Stauferzeit, Dreißigjähriger Krieg, Hexenverbrennungen, Bad Windsheim war immer mittendrin und dabei.

Rothenburg ob der Tauber Seit 1950 hat die Stadt das Deutschlandbild von Amerikanern und später Japanern geprägt. Die Fachwerkhäuser, die Gassen, das mittelalterliche Flair, das ist für viele ausländische Gäste »Good Old Germany«. ◁

Dinkelsbühl Laut dem Magazin Focus ist die Altstadt von Dinkelsbühl die schönste in ganz Deutschland. Es scheint, als sei die Zeit stehen geblieben: Was auf die bunten Häuser gepinselt ist, ob Drogerie, Kneipennamen oder Hinweis, ist ausschließlich in altdeutscher Schrift zu lesen. △

Landshut Die niederbayerische Stadt wurde 1204 von Herzog Ludwig I. von Bayern gegründet und erlebte vom 14. bis 16. Jahrhundert ihre Glanzzeit. Berühmt ist die Landshuter Hochzeit, ein mehrwöchiges historisches Fest, das alle vier Jahre gefeiert wird.

Cham Das oberpfälzer Städtchen hat nicht nur historische Sehenswürdigkeiten wie die Burg Falkenstein. Pünktlich um 12.05 Uhr erklingt jeden Tag vom Glockenturm des Rathauses die heutige französische Nationalhymne »Marseillaise«, weil der Komponist Nikolaus Graf von Luckner hier geboren ist.

Memmingen In einem weltweiten Ranking für Kurztrips landete Memmingen auf Platz eins. Kein Wunder: Es gibt mittelalterliche Prachtbauten, eine 850 Jahre alte Geschichte, und das Allgäu liegt vor der Tür.

Neumarkt in der Oberpfalz Die Sehenswürdigkeiten sind fast alle in der Altstadt und lassen sich zu Fuß gut erreichen. Wie etwa die ehemalige jüdische Synagoge, das Münster St. Johannes und das Rathaus. Cafés für die Pausen vom Flanieren gibt es auch.

Bayreuth Auf dem Grünen Hügel trat 1961 Grace Bumbry im Tannhäuser auf. Sie war die erste schwarze Sängerin in der Rolle als Venus. Außer Richard Wagner hat die Stadt noch einiges zu bieten. Beispielsweise das Markgräfliche Opernhaus, ein UNESCO-Weltkulturerbe. ◁

Rosenheim Fragen wir ein Original aus der Stadt, was man hier machen sollte. Florian Weidlich ist Designer für Gipfelkreuze, die man sich um den Hals hängen kann, und Bayernmode. In der Stadt geht nichts über einen Cappuccino in der Sonne, findet er. △

Nürnberg Sie steht zu Unrecht im Schatten der großen bayerischen Schwester München. Dabei hat die Stadt eine grandiose Stadtmauer und eine Jugendherberge in der historischen Burg. Nürnberg hat sogar ein Bieramt. Gleich beim Dürerhaus.

München Bekannt als Millionendorf. Kleinstädtisch, gemütlich, griabig. Wo die Erni Singerl und der Monaco Franze zu Hause sind. Was? Die kennen Sie nicht? Dann wird es höchste Zeit, dass Sie sich auf nach München machen und es sich erzählen lassen.

» Gott mit uns
und Gott mit allen,

so startet die dritte Strophe
der Bayernhymne

München Eine herrschaftliche Residenz nach klassischem Vorbild wollte König Ludwig I. erschaffen. Er war verrückt nach Griechenland und verwandelte die bayerische Hauptstadt mit neoklassizistischen Bauwerken in eine griechisch-bayerische Polis.

Augsburg Die Stadt steht für die Fugger mit ihrer Fuggerei, der ältesten Sozialsiedlung der Welt. Für die Augsburger Puppenkiste, für Renaissance-Bauwerke. Und ihr historisch gewachsenes Wassersystem ist sogar UNESCO-Welterbe.

Coburg Wer die Stadt das erste Mal betritt, ist überrascht: Hofgarten, Park und die Veste, Fußgängerzone und der Marktplatz. Wie historisch, wie gepflegt. Wer hat schon ein Schloss (Ehrenburg) mitten in der Stadt?

STADT AM FLUSS

Stadt, Land, Fluss – das ist der Dreiklang, der weite Teile Bayerns prägt. Als es nach der letzten Eiszeit wieder wärmer wurde, ergossen sich die Flüsse aus den Bergen in die Ebenen. Daraus entstand eine verzweigte Flüsse- und Seenlandschaft. Ungebändigt wirkten die Kräfte der Natur, das gesamte Land mit Flüssen, Seen und Gebirgen war in ständiger Veränderung – auch wenn diese Veränderungen sich über Tausende von Jahren hinzogen. Dann kam der Mensch. Seit etwa 8000 Jahren verändert er die Umwelt. Seit rund 6000 Jahren haben Hochkulturen Landschaften umgestaltet, Wälder wurden gerodet, Staudämme gebaut, Flüsse kanalisiert.

Die Bewohner Bayerns schufen, genau wie ihre Zeitgenossen in anderen Regionen der Erde, ihr Kulturland. Sie legten Moore trocken. Sie bändigten Überschwemmungen – was nicht immer gelang. Trotz dieser Gefahr entstanden Siedlungen an Wasserwegen. Egal ob flach dahineilendes Gewässer wie die Altmühl, sprudelnd und gurgelnd wie die Isar, träge plätschernd wie die Wörnitz oder mächtig von einem Ufer zum anderen, und oftmals wie ein See anmutend, wie die Donau – Städte entstanden und erblühten einst wegen ihrer Flüsse. Sie waren Transportwege, Trinkwasserspeicher, Schutzgräben und prächtige Kulisse. Etliche Städte entstanden nicht nur am Ufer eines einzigen Flusses, sondern gleich mehrerer.

So ist Passau als »Dreiflüssestadt« bekannt. Dort bietet sich aus der Luft ein faszinierendes Naturschauspiel, wenn sich aus drei Himmelsrichtungen am Dreiflüsseeck die Donau, der Inn und die Ilz treffen. Alle haben unterschiedliche Farben und Strömungen. Zu Füßen der Burganlage Niederhaus fließt zunächst, flussabwärts betrachtet, die Ilz von links in die Donau und kurz danach gesellt sich von rechts der Inn dazu. Die Stadt Lindau hat gleich vier Flüsse im Stadtgebiet, wenn auch nicht so mächtige wie Passau. Dafür können sich die Wasserwege Regensburgs wieder mit Passau messen: Donau, Naab und Regen prägten die Entwicklung Regensburgs enorm. Beide Städte, Regensburg und Passau haben wegen ihres Flussreichtums aber auch schon einige Flutkatastrophen erleben müssen. Dennoch: Flüsse sind die Lebensadern bayerischer Städte. Früher, das darf man den Dichtern und Volksliedern glauben, erzählte ein Fluss viel. Über seine Stadt. Über seine Bewohner. Wer lauschen will, hört die Weisen noch heute: »Wo hell durch grünen Waldesraum der Isar Wellen rinnen, da hab geträumt ich süßen Traum ...« oder »Das ist die Donau, die alte Königin, an ihren Ufern ist die Seligkeit zuhaus« und »Wo der Main, die Naab, die Eger jung noch fließen, an der Rodach und der Wiesent Blumen sprießen, schroffe Felsen ragen auf zum Himmelszelt. Dort ist Oberfranken, da ist uns're Welt ...«

Regensburg Die Altstadt mit dem südländischen Flair ist die einzige erhaltene mittelalterliche Großstadt Deutschlands und zählt zum UNESCO Weltkulturerbe – in der ganzen Stadt verteilt gibt es originale gotische und romanische Architektur.

» Es muss ein Sonntag gwesn sein,
ein Tag voll hellem Sonnenschein,
es war ein Glückstag, ganz gewiß,
wia unser Bayernland entstanden ist.

Songtext von Toni Sulzboeck, Markus Mayer, Fred Rauch, Patrick Hack, Jakob Mallmann, Josef Billeriss

Lindau Geheimtipp: Früh am Morgen zum Sonnenaufgang am Ufer – das Wasser, der frische Geruch, der Blick auf die hohen Berge. Das ist Entschleunigung pur. Dass die Halbinsel als Europas Filetstück bezeichnet wird, kann jeder verstehen, der den Ort von oben sieht.

WASSERBURG Nomen est Omen: Die Stadt ist umgeben von Wasser. Wer die lieblichen Gassen und Gässchen im Inneren erkundet, erlebt eine Zeitreise. Am Marienplatz und Rathaus bewundert man Häuserfronten, wie sie schon unsere Vorfahren erlebten. Um die Stadt herum führt ein schöner Spazierweg.

Burghausen Hier steht die weltlängste Burg: über einen Kilometer lang, die ganze Pracht einen schmalen Bergrücken entlang. Ihr zu Füßen liegt die denkmalgeschützte Altstadt mit farbenprächtigen Häusern im Inn-Salzach-Stil.

Möhrendorf Westlich der Regnitz, am Rhein-Main-Donau-Kanal gelegen, lässt sich durch prähistorische Funde eine Besiedlung schon seit 2000 v. Chr. nachweisen. Im Jahre 1007 wurde das Dorf erstmals urkundlich erwähnt, als Geschenk von Kaiser Heinrich II. ◁

Veitshöchheim Die Gemeinde besitzt eine berühmte Gartenanlage im französischen Rokokostil, die mit Wasserspielen, Lauben, Grotten und Sandsteinfiguren verzaubert. Der Rokoko-Park ist einer der letzten in Deutschland. △

WÜRZBURG In der Universitätsstadt warten alte Gassen und historische Häuser und Kirchen auf ihre Erkundung. Herrlich ist der Ausblick aus der Festung in die fränkischen Weinberge. Ein Muss ist der Besuch der Residenz, wieder ein UNESCO-Weltkulturerbe.

Regensburg Seit jeher ist die Donau ein wichtiger Verkehrsweg. So hatte der Fluss einen beträchtlichen Anteil daran, dass Regensburg bereits im Mittelalter ein bedeutendes europäisches Handelszentrum war.

Nürnberg Schon im Mittelalter war Nürnberg eine der bedeutendsten Städte im Heiligen Römischen Reich. In der Zeit der Renaissance wurde sie zu einem kulturellen Zentrum Europas. Hier wirkten neben Albrecht Dürer viele weitere bedeutende Künstler und Gelehrte. ◁

Kelheim Wo sich Donau und Altmühl teilen: Die Stadt hat mittelalterliche Stadttore, verspielte Renaissancefassaden und einen alten Kanalhafen aus dem 19. Jahrhundert. Im Hintergrund thront die Befreiungshalle. △

Passau Die Dreiflüssestadt bietet ein faszinierendes Naturschauspiel – besonders aus der Luft. Aus drei Himmelsrichtungen treffen sich Donau, Inn und Ilz mit unterschiedlichen Farben und Strömungen.

Neuburg an der Donau Eine Stadt wie eine Filmkulisse. Schon in der Römerzeit war hier eine Ortschaft. Mit südländischem Flair, ganz vielen kleinen Gassen und einem reichen Flussleben, das direkt an Südfrankreich denken lässt.

Kitzingen am Main Die Stadt mit den malerischen Ecken ist seit Neuestem berühmt für Hitzerekorde. Sie liegt 200 Meter über dem Meeresspiegel in einem Kessel. Dort sammelt sich die Hitze. Die Stadt steht zudem auf Sandboden, der sich leicht erwärmt.

STADT IM GRÜNEN

Bayerische Städte haben überdurchschnittlich viel Grün zu bieten und rühmen sich gerne ihrer Lebensqualität. In Kronach ist die Festung Rosenberg idealer Ausgangspunkt für Wanderungen im Naturpark Frankenwald. Dießen ist umgeben von Wäldern, Wiesen und dem Ammersee. Rothenburg, die mittelalterliche Schönheit, liegt zwar eingebettet innerhalb der Stadtmauer, aber außen herum blüht prächtige Natur. Schon beim Anblick atmet man tiefer durch.

Die Landeshauptstadt München sticht bei diesem Ranking heraus. Im Englischen Garten oder an der Isar können Großstädter direkt vor der Haustür Natur erleben. Dreh- und Angelpunkt ist die Isar mit ihren Seitenarmen. Da ist den Münchnern Großes gelungen. Bis ins Jahr 2000 war Münchens Fluss ebenso stark reguliert wie in anderen Großstädten. Inzwischen ist die Isar für 350 Millionen Euro naturnah vom starren Uferkorsett befreit. Man hat die Kaimauern geschleift, flache Kiesstrände geschaffen, mit viel Grün davor, man hat Inseln angelegt, Fischtreppen, Ecken für den Biber und die Wasservögel. Nun rauscht der Bergfluss auf 14 Kilometer Länge wieder fröhlich durch die Stadt. Es gibt keine andere Millionenstadt auf der Welt, die ihrem Fluss so viel Raum schenkt. Der Eisbach ist aber nicht weniger berühmt als die Isar. Wegen der Surfer in seinen Fluten hat er es in viele Stadtführer geschafft, ob Lonely Planet oder Kunstguide. Eine Steinstufe erzeugt eine halbmeterhohe Welle. Surfer nutzen sie begeistert als Übungsterrain. Kurios: Die Burschen und Mädels, die sich im Eisbach treiben lassen, fahren die Strecke pitschnass in der Straßenbahn zurück zum Ausgangspunkt – im Neoprenanzug oder in der Badehose. Immer wieder sieht man zudem muskulöse Menschen mit ihrem Surfbrett unterm Arm vorbeiradeln. Manche Touristen, die ihren Reiseführer unaufmerksam gelesen haben, werden sich verwundert fragen, ob sie bei der Reiseplanung einen Ozean übersehen haben. Der Englische Garten ist überhaupt ein Faszinosum. 1789 ließ ihn Kurfürst Karl Theodor anlegen. Ein Jahr später wurde der pagodenähnliche hölzerne Chinesische Turm gebaut. Er hat schon vor 150 Jahren Avantgardekünstler angezogen. In den 1960er-Jahren fühlten sich die Hippies hier wohl und ließen ihre Hüllen fallen. Die Freikörperkultur sorgte anfangs für empörte Aufschreie, inzwischen sind die »Nackerten« eine Touristenattraktion, sodass eine Münchner Boulevardzeitung klagte: »Zu wenig Nackte im Englischen Garten.« Sie werden offenbar immer weniger. Die Jungen und die Alten halten sich stattdessen lieber angezogen am Biergarten Chinesischer Turm auf, den zweitgrößten der Stadt mit 7000 Plätzen. Dort dürfen sie sich zwar nicht annähernd so offenherzig zeigen, dafür gibt es eine gute Brotzeit und ein frisches, kühles Bier.

Maximilianeum Ursprünglich hatte das Gebäude nichts mit Politik zu tun. König Maximilian II. ließ es 1857 als »Ort der historischen und künstlerischen Erziehung seines Volkes« errichten. Seit 1949 ist hier das bayerische Parlament zu Hause.

Englischer Garten Er gehört weltweit zu den größten innerstädtischen Parks und ist sogar größer als der Central Park in New York. Vom Altstadtring zieht er sich bis in den Münchner Nordosten am Westufer der Isar entlang.

Alpenpanorama Was wäre München ohne sein typisches Alpenpanorama bei Föhn? Keine andere Großstadt kann mit so einer Aussicht trumpfen. Dafür lieben die Münchnerinnen und Münchner ihre Heimatstadt.

Diessen am Ammersee Eine Fahrradtour rund um den Ammersee führt auch an diesem Ufer vorbei. Von Christi Himmelfahrt bis zum darauffolgenden Sonntag zieht der Töpfermarkt jedes Jahr viele Gäste aus nah und fern an.

Bayerisches Nationalmuseum Direkt an der berühmten Eisbachwelle gelegen, steht hier die Kulturgeschichte Bayerns im Mittelpunkt. In einem der größten Museen Deutschlands gibt es Kunst von der Spätantike bis zum Jugendstil.

Trabrennbahn Daglfing Ja, wo laufen sie denn? Die Trabrennbahn war bis zur Eingemeindung von Daglfing nach München im Jahre 1930 die Haupteinnahmequelle des Dorfes. Zuschauer gibt es bei den Pferderennen natürlich auch. Hüte allerdings selten.

Sulzbach In der historischen Altstadt befindet sich die größte Schlossanlage Nordostbayerns – hoch oben auf einem steilen Kalksteinfelsen. An der Südseite des Stadtbergs entspringen zahlreiche Karstquellen, die den Rosenbach speisen.

SPALT Das Städtchen gilt als Bier- und Hopfenstadt im fränkischen Seenland. Der Hopfenanbau wurde erstmals 1341 erwähnt und dieses Jahr zählt auch als Gründungsjahr der Stadt. Durch die Nähe zum Brombachsee ist Spalt ein beliebtes Ausflugsziel.

Landsberg Die Stadt ist gesäumt von Steilhängen und dem Ufer des Lechs. Sie hat einen gut erhaltenen Stadtmauerring und bunte Giebel im mittelalterlichen Flair drängen sich dicht. Nicht umsonst trägt Landsberg den Beinamen »Schatzkästchen Oberbayerns«.

Coburg Die Fußgängerzone und der Marktplatz, der Hofgarten und die Veste von Coburg sowie das Schloss Ehrenburg sind absolut sehenswert. An Wurstständen gibt es köstliche Bratwürste, die auf Kiefernzapfen und Buchenholz gegrillt werden.

Rothenburg ob der Tauber Hier wird das Bild eines authentischen mittelalterlichen Dorfes gewahrt. Es gibt einen Marktplatz, ein Altes Rathaus, Stadttore und eine historische Stadtmauer. In die Altstadt hat sich bis heute kein modernes Gebäude verirrt.

Kronach Viele alte Häuser sind in den vergangenen Jahren saniert worden. Ihr spätmittelalterlicher Charakter prägt die Stadt. Die über der Stadt thronende Festung Rosenberg ist das Wahrzeichen von Kronach. ◁

Bamberg Das größte erhaltene Altstadtensemble in Europa glänzt mit beeindruckenden Gebäuden wie dem Dom und zahllosen romantischen Fachwerkhäusern. Entlang der Regnitz erleben Spaziergänger Bamberg aus einer besonders reizvollen Perspektive. △

Kaufbeuren Es gibt vieles, das man bei einem Besuch in der Stadt bestaunen kann. Das historische Rathaus und das Crescentiakloster, das bereits im Jahr 1150 gegründet wurde, sind nur zwei Sehenswürdigkeiten der Stadt im Allgäu.

Füssen Über der Stadt thront das Hohe Schloss. Einst war es die Sommerresidenz der Fürstbischöfe von Augsburg. Das Schloss zählt zu den bedeutendsten Profanbauten der deutschen Spätgotik. Im Hof sind Illusionsmalereien in Vollendung zu entdecken.

NATUR UND KUNST IN DER NATUR

ÜBER WOLKEN UND BERGEN

Ob die Sonne die Kraft hat, den Nebel zu zerreißen? Noch ist nichts entschieden, über Bergtäler und Flachland liegt eine geschlossene Wolkendecke. Im Chiemgau gibt es durch den großen See, das bayerische Meer genannt, oftmals Nebel, Wolken, Weite und Höhe in beeindruckender Kombination. Das Land ist erst eben und flach, moorig mit sanften Hügeln, und plötzlich ragen die Berge in den Himmel. Die Kampenwand ist schon von Weitem an den markanten steinigen »Fingern« zu erkennen. Dahinter blitzt der Chiemsee hervor. Kurz vor dem Gipfel können Bergsteiger sogar ein bisschen kraxeln. Die Aussicht von oben ist spektakulär, etwa auf die Insel Frauenchiemsee, von den Einheimischen Fraueninsel genannt. Ganz müde Wanderer können mit der altmodischen Vierer-Gondelbahn hoch- und runterfahren. Die soll bald durch einen moderneren Achtsitzer ersetzt werden. Die Diskussion darüber sorgt zurzeit für Zündstoff. Rauflaufen geht von allen Seiten und runter kommt man auch immer, ob mit oder ohne Gondel.

Am Königssee im Berchtesgadener Land wird die Bergwelt wilder. Die Bergsteiger blicken auf abweisende Gipfel, bleiche Kalksteinberge, zerklüftet wie Dinosaurierrücken. Der Watzmann ist mit seinen 2713 Metern der höchste Berg in den Berchtesgadener Alpen – jedenfalls auf der deutschen Seite. Aufgrund seiner außergewöhnlichen Form gilt er als Wahrzeichen der Region Königssee. Wanderer und Bergsteiger können sich hier über Touren in allen Schwierigkeitsgraden freuen, hochalpin oder ganz gemütlich. Zu den Nebengipfeln des Watzmanns führen auch einfache Wanderungen. Die anspruchsvollste und berühmteste Tour der Region ist fraglos die Watzmann-Überschreitung. Sie ist allerdings »nur für wirklich erfahrene, absolut trittsichere, schwindelfreie und konditionsstarke Bergsteiger machbar«, schreibt die Gemeinde Berchtesgaden warnend auf ihrer Website. Denn immer wieder stürzen Touristen in den Tod. Man nennt den Watzmann nicht umsonst den Schicksalsberg. Seit der Erstbegehung 1881 kamen hier über hundert Menschen ums Leben. Meist war der Grund Selbstüberschätzung.

»Natur Natur sein lassen« ist das Motto des Nationalparks Berchtesgadener Land, der hinter dem Königssee beginnt. Seit 1978 ist er ausgewiesen, insgesamt 210 Quadratkilometer Ehrfurcht gebietende Schönheit, bezaubernd und beglückend. Für den, der seine Leistungsfähigkeit realistisch einschätzt. Denn dann wird man mit majestätischen Ausblicken belohnt. Nicht nur von den Gipfeln. Der Weg ist das Ziel.

Geradezu lieblich blitzt die Bergwelt hinter dem Starnberger See auf. Er ist nach dem Chiemsee der zweitgrößte See Bayerns. Im Süden erblickt man die weiß überstäubten Berggipfel, dunkel erscheint der Nadelwald und am Rand des Sees funkelt im Frühling grüngesprenkeltes Laub, im Herbst glühen Flammen bunter Blätter. Über den Wolken und den Bergen gibt es wahrhaft viel zu entdecken.

Kampenwand Das Gipfelkreuz auf den markanten Felsblöcken, im Hintergrund wieder die Insel Frauenchiemsee ◁

Impressionen vom Chiemsee Die Insel Frauenchiemsee mit dem Benediktinerinnenkloster im Hintergrund, die unbewohnte Krautinsel, ein Naturschutzgebiet, im Vordergrund △△

» Über den Wolken
muss die Freiheit
wohl grenzenlos sein.

Reinhard Mey

Wolkenmeer Nichts zu sehen von der bayerischen Landschaft und doch atemberaubend schön. Die dichte Wolkendecke, die sich hier über der Gegend um Weißenburg gebildet hat, ist vom Boden aus betrachtet vermutlich weniger erfreulich.

Königssee Die Besonderheit an diesem See ist, dass man ihn nur mit dem Schiff erleben kann. Denn die steilen Felswände fallen bis ans Ufer hinab. Es gibt keine Straßen oder Radwege rund um den See. Nur vereinzelte Fußwege. ◁

Starnberger See Ein bayerischer See, den man auch im Rest des Landes kennt: Der Starnberger See ist für seine Promidichte berühmt. Beim Blick auf das Alpenpanorama an seinem Ufer verwundert es nicht, dass so viele hierherziehen wollen. △

» Berge sind stille Meister
und machen schweigsame Schüler.

Johann Wolfgang von Goethe

Zugspitze Sie ist der höchste Berg Deutschlands. Auf 2963 Metern Seehöhe genießt man einen 360°-Panoramablick – vom umliegenden Wettersteingebirge über mehr als 300 Gipfel hinein nach Österreich, Italien und in die Schweiz.

Donautal Es ist eines der tiefsten Täler in Niederbayern. Je tiefer das Tal, desto kälter die Luft. Dann entsteht Nebel, eine Vielzahl von mikroskopisch kleinen Wassertropfen, die in der Luft hängen.

Hochufer Über Nacht staut sich häufig eine dicke Nebelschicht auf. Weil im Herbst die Sonne sehr niedrig steht, fehlt ihr oft die Kraft, den Nebel aufzulösen. So bleibt es an manchen Tagen durchgehend neblig.

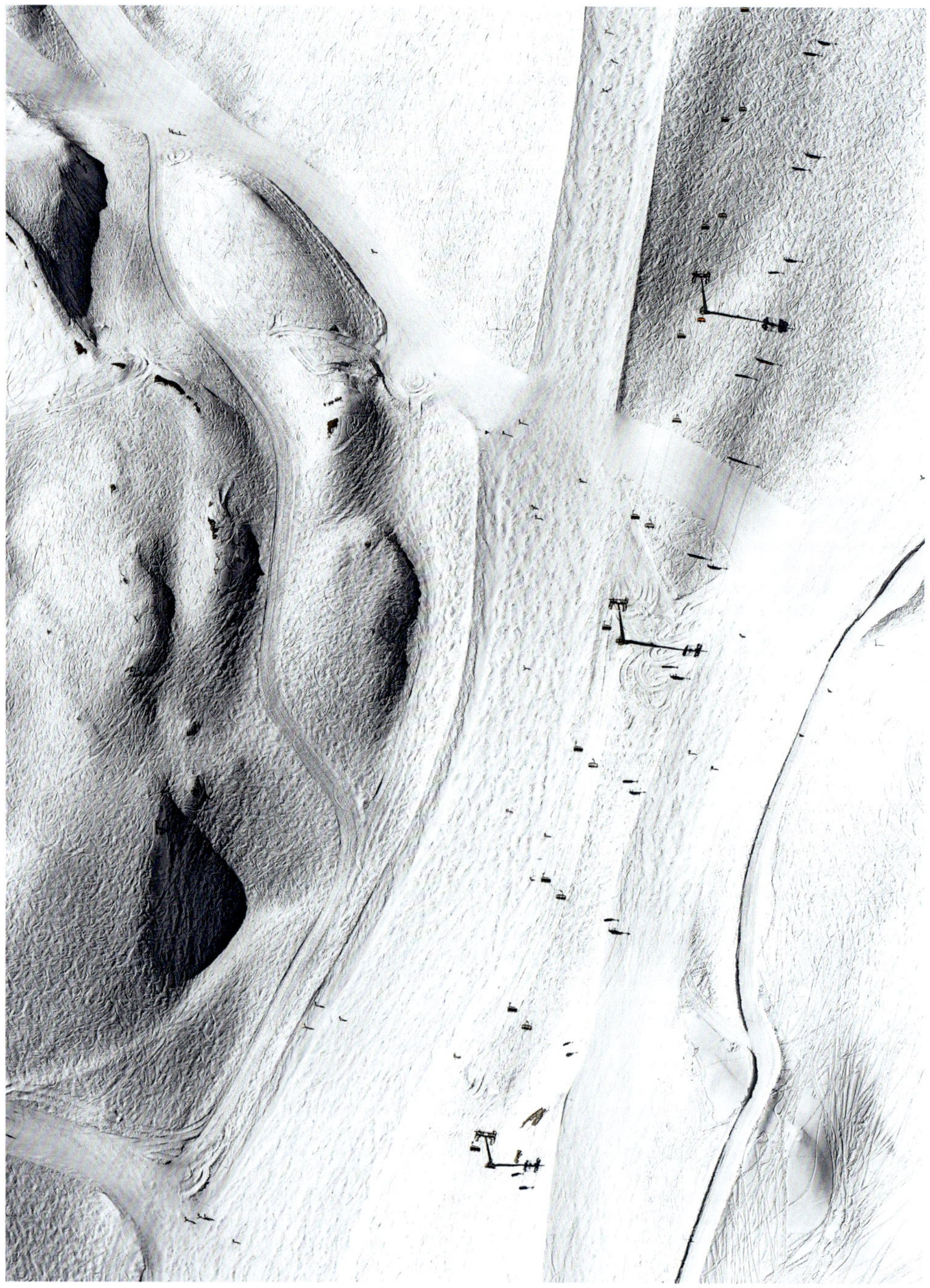

Bayerische Alpen Die Skisaison in den Bayerischen Alpen geht je nach Schneelage etwa von Oktober bis Ostern. Leider wird aufgrund des Klimawandels der Schnee immer seltener. △

Zugspitzbahn Majestätisch schwebt die bodentief verglaste Kabine in die Höhe. Mit 3213 Metern Abstand von der einzigen Stütze bis zur Bergstation ist die zu überwindende Entfernung so groß wie bei keiner anderen Seilbahn. Einzigartig ist auch der Höhenunterschied von 1945 Metern zwischen Tal- und Bergstation. ▷

» Wenn ich Urlaub mache, fahre ich am liebsten nach Bayern – da bin ich nicht mehr in Österreich und noch nicht in Deutschland.

Bruno Kreisky, österreichischer Politiker

WATZMANN Majestätisch thront der sagenumwobene Gebirgsstock über dem malerischen Königssee. Kletterer werden von der berüchtigten Watzmann-Ostwand angezogen. Mit 1800 Metern ist sie die höchste Felswand der Ostalpen.

Bayerisches Meer Bilderbuchpanorama mit saftigen Wiesen, gezackten Bergen, strahlend blauen Seen und herausgeputzten Dörfern – so idyllisch, so kitschig-schön wie in einem Heimatfilm

AM WASSER

Wasser ist alltäglich, durchsichtig, fast überall zu finden – und doch voller Überraschungen. Seine Moleküle sind simpel aus zwei Wasserstoffatomen und einem Sauerstoffatom aufgebaut: H_2O. Der Sonderling verhält sich trotzdem nicht immer so, wie es die Regeln der Physik und Chemie erwarten lassen. Wasser weist rund vierzig Besonderheiten auf, die aus Sicht der Naturwissenschaft nicht zu erklären sind.

Da wäre zum Beispiel die seltsame Dichte, die bei 4 °C am größten ist. Praktisch alle Stoffe nehmen an Dichte zu, wenn sie abkühlen. Die Moleküle rücken zusammen, der Stoff verliert an Volumen. Wasser nicht: Seine Dichte nimmt beim Abkühlen bis 4 °C zu, darunter dehnt es sich wieder aus. Deshalb schwimmt Eis auf Seen oben, wir können Schlittschuh laufen und die Fische darunter ihr ganzjähriges Zuhause haben.

Seine Wärmekapazität ist die höchste aller Flüssigkeiten. Wasser kann riesige Mengen Energie aufbewahren. Deshalb sind die Seen und Meere Wärmespeicher, die die geografische Kälte mancher Breitengrade dämpfen.

Beim Verdunsten zieht Wasser viel Wärme aus der Umgebung und erzeugt so Verdunstungskälte. Mit dem Wind zieht latente Wärme oder Kühle um die Erde, um dort wieder spürbar zu werden, wo es windig ist oder die Feuchtigkeit als Regentropfen herunterkommt. Herrlich, wenn es dann in der Sommerhitze hin und wieder weht. Kein Wunder, dass Wasser die Fantasie anregt. Und die Fotos in diesem Kapitel ganz besonders.

Kokett schwebt die Gewissheit über diese leichtfüßigen Nachmittage am Ufer – der Sommer ist wirklich da. Jetzt gibt es keinen besseren Platz, als am oder auf dem Wasser zu sein. Baden, rudern, tauchen, egal. Die Wasserlinien wirken im Wind wie flatternde Seide. Wo könnte es schöner sein?

Wassertage sind lang und gedehnt. An ihnen scheint die Urkraft des wasserreichen Bayern mit Händen greifbar zu sein. Die Oberflächen flirren wie plätschernde Geister: egal, ob am Großen Brombachsee, am Sylvensteinspeicher, am Tegernsee. »Hinein!«, schreit jeder Zentimeter Haut und jedes goldene Glitzern auf den Wellen. Kein Wunder: Wir bestehen zu über siebzig Prozent aus Wasser. Es ist unser Lebenselixier – in uns und um uns herum.

Schon die Römer wussten um die Heilkraft des Elements. Alle Kulturen – von Wüstenvölkern einmal abgesehen – entwickelten gesundheitsfördernde Techniken rund um das Element Wasser: Baden, Trinkkuren, Kneippen und Wassertreten. Sogar wer nichts davon macht, spürt bei einem simplen Uferspaziergang, wie gut Wasser tut. In seiner Gegenwart laden sich die Akkus ganz von selbst auf; der Alltag perlt von den Schultern wie Regentropfen von einem Baum.

Eching Wie malerisch ein Kieswerk aussehen kann. Dass hier tonnenweise Frostschutzkies, Betonsand und Splitt erworben werden kann, verrät die Website des Werks. Aus der Vogelperspektive könnte man die Anlage für eine unbewohnte Karibikinsel halten.

Schliersee Sensationelle Ausblicke auf den See gibt es nicht nur aus dem Flugzeug, sondern auch von der Schliersbergalm, auf die eine kleine Seilbahn führt. Für den besten Aussichtspunkt, den Gipfel der Brecherspitz, sollte man allerdings schwindelfrei sein.

Tegernsee Die Stadt ist berühmt für das Tegernseer Helle – das man stilecht im Bräustüberl am Seeufer trinken kann. In Rottach-Egern, ein paar Kilometer weiter, gibt es schicke Boutiquen, Hotels und Sternerestaurants – und eine hohe Dichte an Superreichen.

» Wenn ich den See seh,
brauch ich kein Meer mehr.

Sprichwort

Ammersee Die Herrschinger Bucht ist ein beliebter Hotspot zum Windsurfen, Kitesurfen. Und natürlich zum Baden. Hier befindet sich mit acht Kilometern Deutschlands längste Seepromenade.

Grosser Brombachsee Er ist ein beliebtes Erholungsgebiet und wirkt, als gäbe es ihn schon immer. Dabei wurde der künstliche Stausee im Süden Mittelfrankens erst im Jahr 2000 eingeweiht. ◁

Ammersee Das Südufer des Sees gehört den Vögeln. Hobby-Ornithologen können entlang des Flüsschens Ammer bis zum Ammersee schleichen und dem Federvieh beim Brüten, Schwimmen, Fliegen und Nachwuchs füttern zusehen. △

Achendelta Hier mündet der Fluss Tiroler Ache in den Chiemsee. In keinem anderen See Mitteleuropas kann sich ein Flussdelta so frei entwickeln. Die Form ändert sich ständig. Das etwa fünf Quadratkilometer große Terrain ist Naturschutzgebiet.

Isar Der Fluss ist benannt nach Isaria, keltisch für »die Reißende«. Seit die Isar in München renaturiert wurde, ist ihr der Gebirgsfluss wieder deutlich anzusehen, sogar hier in Ismaning, wo sie München bereits durchflossen hat.

Ausee Der Ausee im Oberpfälzer Seenland ist ein Tagebausee. Mit der Flutung stieg der Artenreichtum kontinuierlich an, sodass man ihm seinen industriellen Ursprung kaum noch ansieht. Die Flutung ist noch nicht abgeschlossen. △

Sylvensteinspeicher Er wurde von 1954 bis 1959 zum Hochwasserschutz des Isartals gebaut. Das alte Dorf Fall ging in den Fluten unter. Um das versunkene Dorf ranken sich heute Mythen. Eine davon besagt, bei Niedrigwasser sehe man die Kirchturmspitze aus dem Wasser ragen. Stimmt aber nicht. ▷

Donau Als bedeutender europäischer Wasserweg ist die Donau weitgehend gebändigt. Wie hier bei Gundelfingen kann man wunderbar an ihrem Ufer entlang radeln. ◁

Pupplinger Au Auch die Isar war oft eingepfercht. Mittlerweile ist sie durch ambitionierte Renaturierungsmaßnahmen über weite Strecken ihres Flussbetts wieder frei. So wie hier in der Pupplinger Au bei Wolfratshausen. △

Roseninsel Ihren Namen hat die im Starnberger See gelegene Insel von Hunderten hochstämmiger Duftrosen, die hier kultiviert werden. Ludwig II. traf sich hier gelegentlich mit seiner kaiserlichen Cousine Elisabeth, genannt Sisi.

Chiemseeinseln Drei Inseln gibt es auf dem Chiemsee, die große Herreninsel mit dem Schloss Herrenchiemsee, die kleinere Fraueninsel mit dem Benediktinerinnenkloster und die unbewohnte Krautinsel.

Segeln Der Chiemsee ist traditionell Austragungsort vieler Regatten zu nationalen Wettkämpfen, wie der deutschen Meisterschaft der Segelbundesliga. Auch etliche Segelschulen organisieren kleine Regatten für den Nachwuchs. △

Wartaweil Am Ammersee steht ziemlich versteckt ein Schullandheim der Aktion Mensch, das sich dem Thema Inklusion verschrieben hat. Freizeitaktivitäten wie Baden, Segeln und Wandern bieten sich für große und kleine Gäste an. ◁

WÄLDER UND FELDER

Die Farben der akkurat ausgerichteten Felder strahlen regelrecht. Raps-, Mais- und Kartoffelfelder aus der Vogelperspektive bilden den Ausgangspunkt für verwirrende Einblicke. Der Kameraabstand zwingt uns Betrachter zu ungewohnter Sichtweise. Wer weiter mit den Augen wandert, entdeckt stille Winkel, kleine, lauschige Trampelpfade und Aussichten voller Kontraste. Landschaften werden sichtbar, die wir wohl auf den ersten, flüchtigen Blick eher mit moderner Kunst assoziieren.

In den Wäldern spielen die Bäume die Hauptrolle. Selbst wenn man bei den flammenden Herbstfarben buchstäblich den Wald vor lauter Bäumen nicht mehr ausmachen kann. Hier kann man sich gut vorstellen, was viele Wissenschaftler bestätigen: Bäume, die sich ihren Lebensraum teilen, funktionieren wie ein gut abgestimmter Organismus, ähnlich einem Ameisenstaat. Sie helfen sich untereinander, senden mit Duftstoffen Warnungen vor Schädlingen aus und schließen sich über das Wurzelwerk zusammen. Wie ähnlich Menschen und Bäume sich doch sind! Ein einsamer Baum hat es schwer, zu überleben. Denn er könnte kein lokales Klima schaffen, in dem er sich wohlfühlt. Aber zusammen schaffen sie es. Weil ein Wald ein schützender Kessel ist, stimmt das Mikroklima. Die Bäume bilden eine Gemeinschaft, die Hitze und Kälte mildert und unterirdisch enorme Mengen Wasser speichert. In einer Waldgemeinschaft werden Bäume auch deshalb so alt wie sonst nirgendwo.

Dass Wälder Gemeinschaften bilden, Heimat und Schutz sein können, kennt man aus Märchen, Sagen und alten Volksliedern. Eine nostalgische Reminiszenz daran bietet der Herbst, wenn die Laubbäume rot, orange und golden aufflammen. Je nach Wetter strahlen sie wochenlang. Oder nur wenige Tage – falls der Föhn stürmt oder früher Schneefall alle Blätter von den Zweigen pflückt.

Die Baumgemeinschaft besteht für jedes Mitglied, egal, ob jung, alt oder abgestorben. Nach jeder meteorologischen Krise, wie trockene Sommer oder sehr früher Schneefall, triumphiert die Gemeinschaft. Dann ist sie noch stärker geworden. Denn sie hat erneut eine Herausforderung gemeistert.

Sogar wenn ein Baum schwächelt, ist er nicht allein. Die Baumgemeinschaft versorgt ihre Kranken über Wurzelnetzwerke mit Nährstoffen, bis es ihnen wieder besser geht. Der Förster und Buchautor Peter Wohlleben vergleicht Bäume, bei deren Wachstum der Mensch nicht eingreift, deshalb mit einer Elefantenherde. Sie helfen gemeinsam den Schwächeren.

Nürnberg Der sogenannte Reichswald liegt im Nord- und Südosten der Stadt. Er gilt als ältester und erster Kunstforst der Welt. Der Name weist bereits darauf hin, dass dieser Wald als Reichsgut früher direkt und unmittelbar dem Kaiser gehörte.

Kettenhöfstetten Im Waldgebiet bei Kettenhöfstetten in der Nähe von Ansbach sorgt ein Windrad für erneuerbare Energie. Bei dem dichten Wald stört gewiss kein lästiger Schattenwurf der Rotoren. ◁

Hundsdorf Der Ort im Landkreis Weißenburg-Gunzenhausen ist umgeben von gesunden Wäldern. Beim Blick von oben offenbaren sich dicht gedrängte bunte Baumschönheiten, die vom Reif überzuckert wurden. △

Getreidefeld Im Herbst wird der Weizen auf diesem Feld bei Bad Düben geerntet. Mit dem Mähdrescher werden die Getreidekörner vom Stroh separiert.

Futtermittel Die bayerischen Landwirte verwenden in der Tierhaltung wieder zunehmend Grünfutter aus heimischem Anbau.

Nördlinger Ries Auf den Feldern zwischen den Dörfern Wechingen und Munningen im Nördlinger Ries wird Grünfutter für Vieh und überdurchschnittlich viel Mais angebaut. ◁

Landkreis Günzburg Wie aus einem Musterbuch für Teppichböden sieht es von oben aus, wenn der Landwirt in der Ortschaft Freihalden im Landkreis Günzburg seine Felder bestellt. △

Hallertau Im größten Hopfenanbaugebiet der Welt wächst die wichtige Zutat für das Bier auf zahlreichen Feldern. Die Pflanze rankt an Stangen bis zu sieben Meter in die Höhe. △

Feld bei Dillingen Wie ausgestanzt von den Fahrrillen des Traktors – so sieht die Hochspannungsleitung in der flachen Agrarlandschaft aus. ◁

Nahe Monheim In der flachen Landschaft bei Monheim bietet es sich geradezu an, den langen Schattenwurf der Bäume gleich in die Bildkomposition zu integrieren.

Bei Riebelsdorf Die Felder akkurat getrennt – da lockert die Allee in Riebelsdorf das Landschaftsbild beschwingt auf. Hoffentlich wird die Straße nie begradigt. ◁

Nahe Rehling Monochrome Felder in der Nähe von Rehling ergeben durch den Blick von oben eine hübsche Landschaft, der die Bezeichnung Patchwork gut stehen würde. △

Oettingen Diese Aufnahme ist in der Nähe von Oettingen im Nördlinger Ries entstanden. Hier gibt es Dutzende flacher Rad- und Wanderwege. Nicht immer ist das Landschaftsbild so reizunterflutet wie hier.

VEITSHÖCHHEIM Der Ort im Landkreis Würzburg ist bayerischen Landwirten wohlbekannt. Hier sitzt die Landesanstalt für Wein- und Gartenbau, in der mit dem Anbau von alten Getreidesorten experimentiert wird.

MENSCHLICHE STRUKTUREN

KONTUREN UND LINIEN

Wie bitte? Soll das Bayern sein? Fast sieht es nach Malerei aus, wenn der Allgäu Skyline Park mit den tanzenden Linien aus Springbrunnen, Achterbahn und Go-Kart-Bahn zur abstrakten Kunst wird. Am Bahnhof in München Riem bilden Güterzüge geometrische Linien zwischen Gleisen und Schienen, manchmal in erdigen Tönen, manchmal in poppigen Farben. Und ein Firmenparkplatz in Buch bei Ulm erinnert mit der zarten Binnenstruktur, seiner lapidar reinen Form und seiner klar reduzierten Ordnung an Dutzende parallel liegender Perlenketten, so akkurat aufgereiht sind die Fahrzeuge. Eine 190 Meter lange Brücke in der Nähe von Markt Essing im Altmühltal schwebt in fein abgestuftem Beige, Braun und Grau über dem Main-Donau-Kanal. Die verleimten Holzplatten in nuanciertem Ocker und Grau fügen sich aus diesem Blickwinkel zu einem wundersamen Bildteppich. Beim Blick über Starnberg hingegen verwirren übereinandergesetzte Streifen aus Türkistönen, die eher an karibische Strände als einen bayerischen See erinnern.

Doch auch, nun ja, »vertrautere« fotografische Motive lassen sich finden. An den Bahnhöfen sind übereinander gesetzte Streifen in ihrem strikten Minimalismus aus abgedämpften Brauntönen als Schienen zu erkennen. Verblüffend ähnlich sehen die Holzstämme eines Sägewerks in der Nähe von Ingolstadt aus der Vogelperspektive aus. Das Münchner Schwimmbad Georgenschwaige, dessen Abbildung hier schon als historische Aufnahme zählen kann, weil eben jenes Freibad vor dem Umbau steht, und das Nürnberger Westbad mit klar abgetrennten Bahnen für die Schwimmer und dem typisch leuchtenden Pool-Blau sind sofort als Freibäder erkennbar, trotz der ungewohnten Perspektive, die der Blick von oben zeigt.

Die Fotografien in diesem Kapitel verströmen einen koboldhaften Humor. Sie verblüffen den Betrachter, fordern zu genauer optischer Wahrnehmung heraus. Der Fotograf verzichtet im frisch-frechen spontanen Umgang mit seinen Motiven ohnehin auf Deutungen jeglicher Art. Zu sehen ist eine ungewohnte Alltagsabstraktion. Die Lust am Experimentieren und an der Farbe an sich ist spürbar. Wissentlich und lustvoll werden die Grenzen, die man mit dem Begriff Luftbildaufnahme verbindet, durchbrochen. Tatsächlich blickt man auf Fotografien, die man nicht in einem Bildband über Bayern erwartet hätte. Vielmehr stehen verschiedenartigen Ansätze nebeneinander, die einen anderen, besonderen Blick von oben zeigen – den Blick auf die Linien und Konturen, die in der Landschaft zu finden sind.

Und das soll jetzt Bayern sein? Da meldet sich der Zweifel wieder zu Wort. Aber ja! Beim Betrachten der Bilder findet man die Antwort auf diese Frage weniger mit gerunzelter Stirn als mit einem Lächeln auf den Lippen.

HÖCHSTÄDT In der Nähe von Höchstädt gibt es mehrere Baggerseen. In solch leuchtend karibisch-türkisem Wasser verbringt man gerne ein paar entspannte Stunden. ◁

ALLGÄU SKYLINE PARK Halligalli an der A 96 zwischen München und Lindau: Der Skyline Park bei Bad Wörishofen im Unterallgäu ist der größte Freizeitpark Bayerns mit über 60 Fahrgeschäften. △△

Flughafen München Alle Wege führen in die Luft. Oder wieder nach unten. Die Start- und Landebahnen am Flughafen zeichnen sich durch ihre Geradlinigkeit aus. △

Bayerischer Wald Ähnlich geradlinig sind die Wege in der Landwirtschaft. So wie in diesem Rapsfeld bei Obertrübenbach in der Nähe von Roding. ◁

Englischer Garten Der Eisbach in München ist bekannt für sein eiskaltes Wasser und die Surfer in der Eisbachwelle. Am Ufer sonnen sich die Nackten, die es als Touristenattraktion sogar in internationale Reiseführer geschafft haben. △

Main-Donau-Kanal Die 190 Meter lange Brücke in der Nähe von Markt Essing im Altmühltal schwebt förmlich über dem Main-Donau-Kanal. Kein Wunder, dass sie wegen des eleganten wellenförmigen Schwungs im Volksmund »Tatzelwurm« heißt. ▷

Buch bei Ulm Die Autos auf diesem Stellplatz eines Fahrzeuglogistikers erinnern an Dutzende parallel liegender Perlenketten, so akkurat aufgereiht sind die Fahrzeuge. ◁

München-Riem Auf den ersten Blick glaubt man Süßigkeiten oder die Maserung von Baumstämmen zu erkennen. Doch die geometrischen Linien werden von den Waggons der Güterzüge auf dem Bahnhof in München-Riem gebildet. △

Georgenschwaige Das Münchner Schwimmbad im Norden Schwabings ist aus der Luft sofort als Freibad zu erkennen. Allerdings nicht mehr lange in dieser Form, da es zu einem Naturbad umgebaut wird. △

Westbad Das Nürnberger Westbad ist ebenfalls ein klassisches Freibad mit klar abgetrennten Bahnen für die Schwimmer und dem typisch leuchtenden Pool-Blau. ▷

» Das Prinzip aller Dinge ist das Wasser,
denn Wasser ist alles und
ins Wasser kehrt alles zurück.

Thales von Milet

Riemer See München ist eine der wenigen Großstädte weltweit, die ihren Bewohnern etliche Badeseen bieten. Den jüngsten, den Riemer See, bekam die Stadt mit der Buga 2015, der Bundesgartenschau, geschenkt.

Nymphenburg Der Apollotempel steht auf einer Halbinsel am Ufer des Badenburger Sees im Schlosspark Nymphenburg. Er wurde nach Plänen von Leo von Klenze errichtet. ◁

Starnberg Was für eine privilegierte Lage Starnberg hat. Sogar der Bahnhof ist am Ufer des gleichnamigen Sees. Von dort aus sind es nur wenige Schritte zum Dampfersteg. △

Pilsensee Auf dem Campingplatz am Pilsensee kann man einen wunderbaren Sommerurlaub verbringen. Viele Sternschnuppen inklusive.

Wörthsee Dieser See befindet sich in Privatbesitz. Dank bayerischer Verfassung ist er aber zugänglich. Denn es gilt das Jedermannsrecht, das Recht jedes Menschen, die Natur zu genießen und Zugang zu Seen und Wäldern zu haben.

Holzhandel Beim Holzhändler in der Nähe von Ingolstadt sieht es penibel ordentlich und aufgeräumt auf. Ob man es von unten auch so wahrnimmt? ◁

Schienennetz Kaum wiederzuerkennen ist der Münchner Hauptbahnhof, so ganz ohne Kioske, Schalterhallen und die zahlreichen Reisenden. △

SYMMETRISCHES UND ASYMMETRISCHES

Welch perfekter Kornkreis. Er tauchte 2021 bei dem Landwirt Georg Steingruber kurioserweise bereits das zweite Mal auf. Ein Kreis hat weder Beginn noch Ende. Die Symmetrie des Kreises steht mit seiner Harmonie für Einheit, Vollkommenheit und Unendlichkeit. Bauer Georg Steingruber war beim Auftauchen des Kornkreises not amused. Er wusste vom Vorjahr, dass ihm nun Hunderte Neugierige sein gepachtetes Getreidefeld niedertrampeln würden. Aber er konnte ja schlecht eine Mauer drum herum errichten. So stellte er kurzerhand eine Spendenbox auf. Als es Zeit wurde, das Weizenfeld zu mähen, vielmehr, was noch davon übrig war, steckte in seiner Spendenbox mehr Geld, als der Bauer je mit dem Weizen verdient hätte. Die überirdisch Interessierten hatten sein Feld im Sommer 2021 durchaus feinfühlig überquert und umrundet. Sogar aus Japan und den USA pilgerten spirituelle Touristen zum Kornkreis, erzählte er. Alle schwärmten von der besonderen Kraft, Einheit, Vollkommenheit und Unendlichkeit, die sie dort spürten. Von ihm aus kann so ein Kornkreis jetzt ruhig wiederkommen.

Prachtvolle Symmetrie gibt es auch im Münchner Hofgarten, ein Ort mit besonderem Flair. Die Mitte des Hofgartens ziert ein Pavillon, der Dianatempel. In der Antike wurde Diana als Jagdgöttin verehrt. Schon zu dieser Zeit galt die hier sichtbare Geometrie als höchste Form der Ästhetik.

Der Vergleich der Fußballstadien von Nürnberg und Augsburg zeigt ebenso wie die beiden Wohnviertel – die Augsburger Fuggerei und die Alte Heide in München – Vertrautes aus einer ungewohnten Perspektive. Asymmetrisch wirkt hier vieles. Das bedeutet jedoch nicht, dass keine Symmetrie vorhanden ist. Formal gibt es hier etliche Symmetrien, anders konnte schließlich nicht gebaut werden, inhaltlich ist die Uniformität aber aufgebrochen. Was von oben gut zu sehen ist.

Pfiffig sitzt die Wilhelm Löhe Hochschule, eine private Fachhochschule, im Fürther Südpark. Das Areal ist eine Erbschaft der Amerikaner, die hier ihre Kasernen und Wohnhäuser hatten. Als Reminiszenz an die militärische Vergangenheit des Stadtteils ist die Parkanlage streng geometrisch gestaltet. Neben dem rechteckigen Grundriss stehen die Bäume, die den Park säumen, wie Soldaten »in Reih' und Glied«. Mit der Wilhelm Löhe Hochschule wird diese Symmetrie gezielt durchbrochen, um den Südstadtpark atmosphärisch aufzulockern und die nun zivile Nutzung in die Gestaltung einfließen zu lassen. Zu diesem Zweck wurde eine Reihe denkmalgeschützter Gebäude im Parkareal erhalten und saniert. Sie repräsentieren nun in exponierten Lagen den Übergang von militärischer zu ziviler Nutzung. Die im Bild sichtbare Wilhelm Löhe Hochschule ist hierfür ein besonders schönes Beispiel.

Fischen am Ammersee Zum Kornkreis im Feld von Georg Steingruber in Fischen am Ammersee pilgerten spirituelle Touristen sogar aus Japan und den USA. Sie schwärmten von der Kraft, die der Kornkreis verströmt.

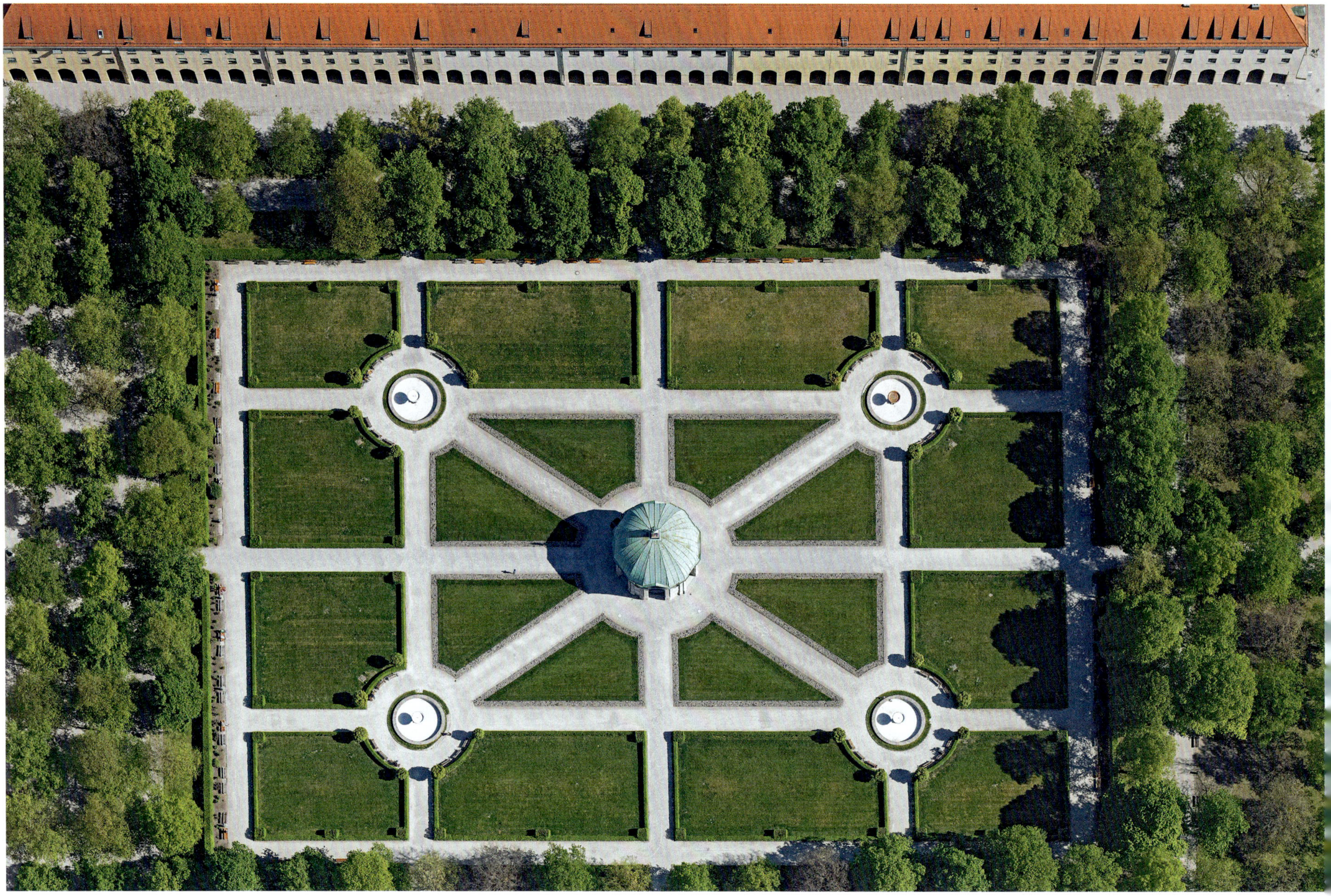

Hofgarten Prachtvolle Symmetrie herrscht im Münchner Hofgarten um den Tempel für die römische Jagdgöttin Diana. Vom Dianatempel gehen acht Kreuzwege aus und strukturieren die Anlage, die Einklang und Ruhe verströmt.

Flughafen München Dass die Zweckbauten eines Flughafens viele Symmetrien aufweisen, liegt auf der Hand. Der Münchner Flughafen wurde im Jahre 2020 aber sogar unter anderem für seine Ästhetik bei den World Airport Awards zum »besten Flughafen Europas« gekürt.

» Das Einzige,
wovor sich jeder Mensch fürchtet,
ist das Unbekannte.

Henry Kissinger,
amerikanischer Außenminister,
in Fürth geboren

FÜRTH Die Wilhelm Löhe Hochschule sitzt im Fürther Südpark, als wäre sie in einer Legolandschaft bewusst verdreht aufgesetzt worden.

Augsburg Im Schwabenstadion finden die Spiele des FC Augsburg statt. Bei ihren Toren erklingt jedes Mal das Lied »Eine Insel mit zwei Bergen« aus der Jim-Knopf-Verfilmung der Augsburger Puppenkiste.

Nürnberg Das Frankenstadion heißt offiziell Max-Morlock-Stadion, benannt nach dem in Nürnberg geborenen Stürmer, der 1954 in Bern beim legendären WM-Endspiel dabei war, als zum ersten Mal Deutschland Weltmeister wurde.

Flughafen München Ordentlich aufgeräumt wirken die Flugzeuge hier am Münchner Flughafen. Da sieht so manches Kinderzimmer weit weniger ordentlich aus!

Marienplatz Ordnung herrscht auch auf dem Münchner Marienplatz. Zumindest von oben betrachtet, wenn das geschäftige Treiben der Menschen auf Punktgröße reduziert ist.

Bayerische Staatskanzlei Sie ist seit 1993 Sitz des Bayerischen Ministerpräsidenten. Adresse: Franz-Josef-Strauß-Ring 1. Die Straße ist nach dem berühmtesten und umstrittensten Landesvater benannt, den Bayern bisher hatte.

Kongresshalle Nürnberg Über 70 Jahre blieb der einst für 50 000 Menschen geplante Kongressbau der Nationalsozialisten ungenutzt. Die Stadt Nürnberg möchte aber nun ein Teilstück dauerhaft für eine Kunst- und Kulturnutzung erschließen.

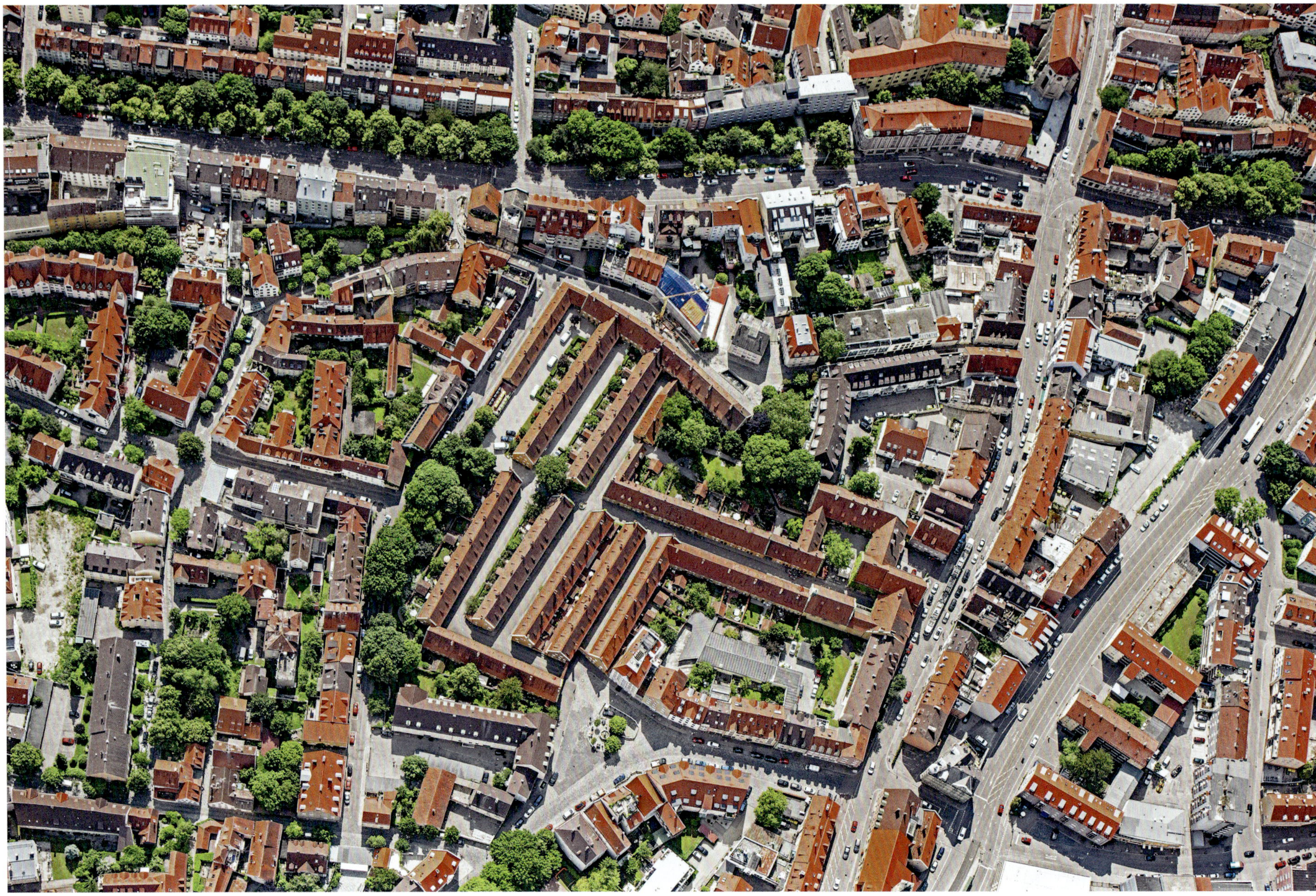

Fuggerei Die Augsburger Fuggerei ist die älteste Sozialbausiedlung der Welt. Zur Jahresmiete von 0,88 Euro kommen noch etwa 90 Euro Nebenkosten im Monat. Die Mieter müssen katholisch sein und dreimal täglich für Jakob Fuggers Seelenheil beten.

ALTE HEIDE Über 100 Jahre ist die denkmalgeschützte Siedlung Alte Heide in München alt. Sie wurde in den Jahren 1919 bis 1928 nach den Plänen des Architekten und Stadtplaners Theodor Fischer gebaut – mit dem Ziel, bezahlbaren Wohnraum für Arbeiter zu schaffen.

Viktualienmarkt Zahlreiche Stände bieten auf dem bekanntesten Markt Münchens Exotisches und Einheimisches in frischer und bester Qualität. Wer am Samstag kommt, hat gute Chancen, Münchner Promis beim Einkaufen über die Schulter zu schauen.

FREIE FORMEN

Für gelungene Luftaufnahmen braucht es nicht nur gute Sicht und eine dunstfreie Atmosphäre. Es kommt auch darauf an, das Flugzeug so zu neigen, dass der Fotograf die richtige Perspektive vor seine Linse bekommt. Nicht immer ist dabei Sonnenschein gefragt. Manches entwickelt bei bewölktem Himmel erst seinen Reiz, ganz besonders, wenn ebenjene Wolken in die Bildkomposition miteinbezogen werden.

In den folgenden Bildern ist die Neugier auf die Abenteuer und Mysterien des Alltags spürbar. Ah! So steht also das Festspielhaus Neuschwanstein in Füssen auf der Halbinsel des Forggensees. Und so nah ist das Museum der Bayerischen Geschichte in Regensburg am Donauufer. Wer in beiden Häusern steht, spürt diese Nähe zum Wasser kaum. Sie wird erst durch den Blick von oben deutlich.

Mal ist die Perspektive ungewöhnlich, wie beim Münchner Olympiazentrum. Die Aufnahme ist von einem urbanen Lebensgefühl geprägt. Der Olympiaturm im Vordergrund und die Wohnblöcke im Hintergrund stehen seltsam dicht beieinander. Zudem wirkt es, als wären Fotograf und Pilot bereits in einem Landeanflug, der an dieser Stelle völlig unmöglich erscheint. Ein anderes Mal mutet eine Kiesgrube in der Nähe von Kelheim wie eine Mondlandschaft an, ebenso die Skipiste daneben, wären da nicht bei genauem Hinsehen die Ameisenstraßen der Liliput-Skifahrer auszumachen.

Der Fotokünstler Daniel Reiter vermag es, dem scheinbar Gewohnten das Außergewöhnliche zu entlocken und unsere Sinne für den Ausdruck zu schärfen. Aber auch seine Bilder von bekannten, teils weltbekannten Motiven lassen immer wieder staunen. Die Ansicht des Biergartens am Chinesischen Turm im Englischen Garten, ein Münchner »Top Ten Fotomotiv« scheint aus dieser Perspektive so fremd, dass man sich mehrmals vergewissern muss, was zu sehen ist.

Eine besondere urbane Stimmung legt sich um die Münchner Highlight Towers, während die Kleingartenanlage daneben so heimelig wie aus einer 1950er-Jahre-Kinokomödie wirkt. Ein reizvoller Gegensatz.

Es gibt viel zu entdecken, nicht nur Äußerlichkeiten, sondern auch die Atmosphäre des Moments. Vertrautes wirkt plötzlich buchstäblich entrückt. Kein Wunder, bei Aufnahmen, die allesamt in luftiger Höhe entstanden sind. Das tut dem Ganzen keinen Abbruch, im Gegenteil. So kann man sich auf die Überraschungen konzentrieren, die die Bilder offenbaren und hält sich nicht mit Oberflächlichkeiten auf.

Mit Witz und Esprit und leichter Hand wird der Blick auf das gelenkt, was Bayern vom Rest der Welt unterscheidet, gleichzeitig werden aber auch Parallelen und Ähnlichkeiten sichtbar gemacht. So erkennt man zugleich etwas anderes: das Vertraute im Fremden. Das ist spannend!

Wolkendecke Über den Wolken spitzt ein Funkmasten bei Burgsalach heraus, als müsste er sich strecken, um die Wolkendecke zu durchbrechen.

» München leuchtete. Über den festlichen Plätzen und weißen Säulentempeln, den antikisierenden Monumenten und Barockkirchen, den springenden Brunnen, Palästen und Gartenanlagen der Residenz spannte sich strahlend ein Himmel von blauer Seide, und ihre breiten und lichten, umgrünten und wohlberechneten Perspektiven lagen in dem Sonnendunst eines ersten, schönen Junitages.

Thomas Mann

Olympiapark Am 26. August 1972 wurden die Olympischen Spiele in München unter einem so noch nie gesehenen, transparent schwebenden Zeltdach eröffnet. Die bis dahin biedere Bundesrepublik wirkte auf einmal ungeheuer jung, charmant und weltoffen.

BMW-Hochhaus Das Verwaltungs-Hochhaus von BMW ist ein Münchner Wahrzeichen. Es heißt im Volksmund »Vierzylinder«. Mit einem Motor hat die Form aber nichts zu tun, obwohl das jeder bei BMW vermutet. Vorbild für den Architekten Karl Schwanzer war ein Kleeblatt. So sieht das Haus von oben aus.

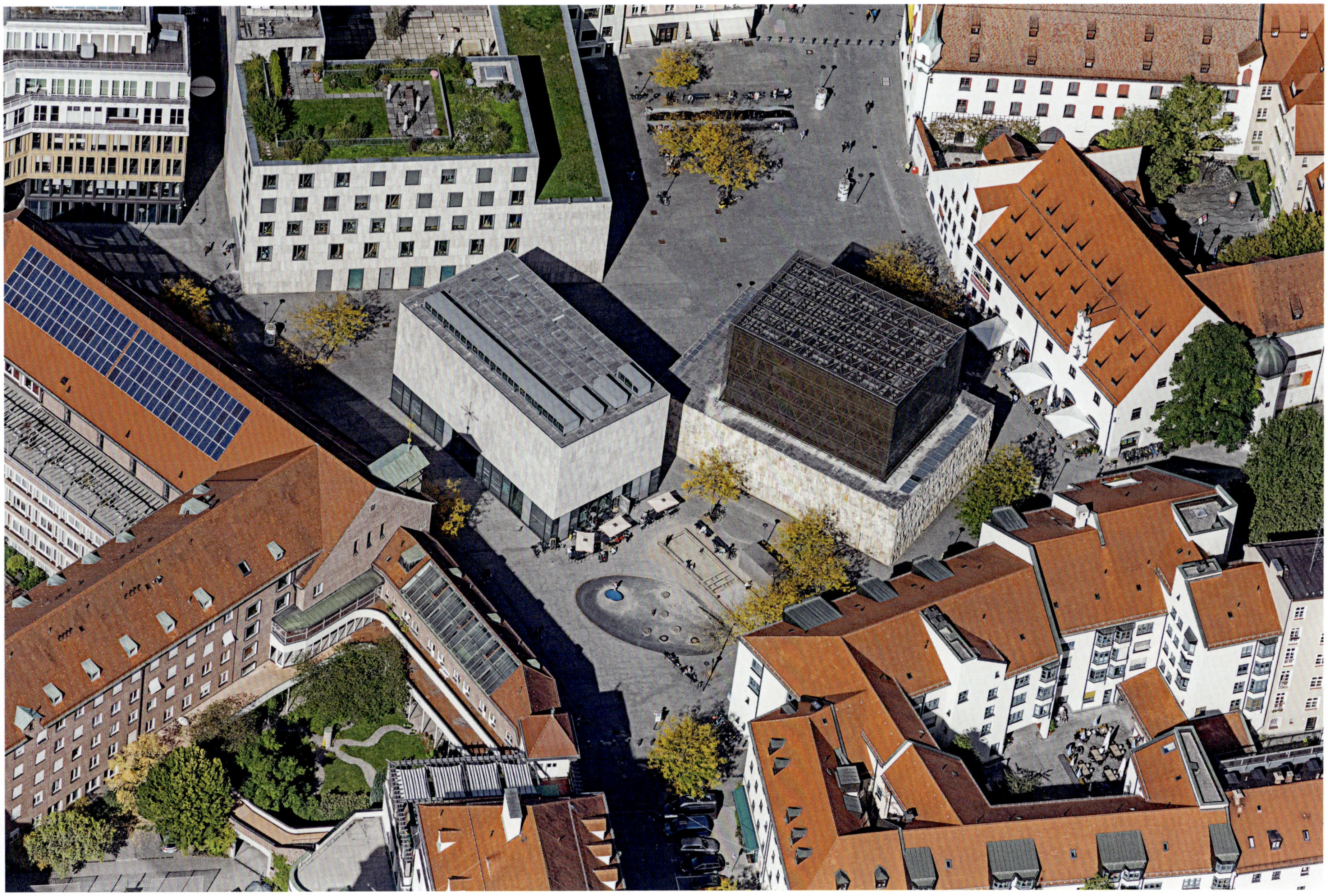

Jüdisches Zentrum Die Neue Hauptsynagoge Ohel Jakob ist zusammen mit dem Jüdischen Museum ein Teil des Jüdischen Zentrums der Israelitischen Kultusgemeinde mitten in der Münchner Altstadt. Es ist ein sichtbares Zeichen dafür, dass jüdische Kultur wieder in der Mitte der Gesellschaft angekommen ist.

Highlight Towers Okay, es ist nicht die Skyline von New York. Die Highlight Towers ragen buchstäblich heraus. Im Jahr 2004 wurden die beiden Bürotürme in der Parkstadt Schwabing fertiggestellt – nach jahrelangen Protesten gegen Hochhäuser. ◁

Schrebergärten In München gibt es über hundert Kleingartenanlagen. 11 000 Menschen sind in ihrer Freizeit hier Gärtner. Dauerhaftes Wohnen ist hier verboten. Feste und Schäferstündchen sind aber erlaubt. △

Schifffahrt Die Dampfer auf dem Chiemsee fahren im Gegensatz zu denen auf dem Starnberger- und Ammersee nicht nur in der Sommersaison, sondern ganzjährig. Die Segelsaison dauert aber ebenfalls nur von April bis Oktober.

Feringasee Karibik lässt grüßen: Der Feringasee entstand als Baggersee in den 1970er-Jahren in Unterföhring, einem Vorort von München. Er ist ein beliebtes Naherholungsgebiet zum Schwimmen, Surfen, Beachvolleyballspielen und FKK-Baden.

» Design ist Kunst in der zweiten Potenz. Man muss die Ästhetik mit Zweckerfüllung multiplizieren.

Otl Aicher, Designer der bundesdeutschen Nachkriegszeit. Mit seinen Schriften, Logos und dem visuellen Konzept für die Olympischen Spiele 1972 in München prägte er das Erscheinungsbild der Bundesrepublik.

Olympiazentrum Das Münchner Olympiazentrum ist ein Ensemble von Bauten und einer kunstvoll gestalteten Parklandschaft. Ein Symbol des Aufbruchs. Die grazile Architektur ist bis heute so ausstrahlungskräftig – und von keiner deutschen Nachkriegsarchitektur irgendwo sonst erreicht.

Kieswerk Ein großer Sandspielplatz mit Liliput-Bagger in der Nähe von Kelheim – aus dem Flugzeug und mit der entsprechenden Kameraentfernung betrachtet, scheint es zumindest so.

Skipiste Geht's noch? Skifahren auf der Zugspitze. Selbst auf Deutschlands höchstgelegenem Skigebiet mit einer extralangen Saison von Mitte November bis Anfang Mai ist der Klimawandel bereits deutlich spürbar.

Festspielhaus Neuschwanstein Für das Musical Ludwig II. gibt es keine bessere Spielstätte als das Haus in Füssen am Ufer des Forggensees. Nachts leuchten gegenüber die Königsschlösser Neuschwanstein und Hohenschwangau.

Haus der bayerischen Geschichte Seit 5. Juni 2019 lädt der Löwe, das symbolträchtige Wappentier aller Bayern, in Regensburg zum Besuch ein. Das moderne Museum am Ufer der Donau überzeugt mit hochinteressanten und spannenden Ausstellungen.

Chinesischer Turm Schon 1789 wurde der Chinesische Turm errichtet. Als Vorbild galt die doppelt so hohe Pagode im königlichen Schlossgarten Kew Gardens in London, eine Nachbildung der Majolikapagode in Peking. Mehrmals brannte er ab, aber jedes Mal wurde er noch prächtiger wiederaufgestellt. △

Herrschinger Kreuz Für Surfer, Windsufer und Kitesurfer ist das Herrschinger Kreuz am Ammersee der beliebteste Spot. Im Gegensatz zum mondänen Starnberger See wird der Ammersee auch Bauernsee genannt. Er ist kleiner als sein bekannter Bruder, aber nicht weniger majestätisch. ▷

BAYERN UND SEINE HIGHLIGHTS

SCHLÖSSER UND BURGEN

Trutzburgen wachen über Tälern. Ein weißes Schloss thront auf zerklüfteten Felsenspitzen. Barocke Residenzschlösser erinnern an frühere Zeiten. Die Fotografien von bayerischen Schlössern und Burgen sind Zeitreisen in eine bewegte Vergangenheit.

Die drei bekanntesten Schlösser im Freistaat gehen auf das Konto von Ludwig II., dem bauwütigen Wittelsbacher: Herrenchiemsee, Linderhof und Neuschwanstein. Auf sein Konto – im wahren Wortsinn. Denn die Schlösser wurden wegen ihrer immensen Baukosten letztendlich zu Ludwigs Verhängnis. Mehr als 6 Millionen Mark, das Doppelte der veranschlagten Summe, kostete beispielsweise der Bau von Neuschwanstein in Füssen. Immer neue Kredite waren notwendig, um die Arbeiten voranzutreiben.

Amerikanische Touristen titulieren Neuschwanstein oft nur als das »Chitty Chitty Bang Bang Castle« nach dem gleichnamigen Musicalfilm von 1968, der unter anderem in Füssen mit Blick auf das Schloss gedreht wurde. Walt Disney diente Neuschwanstein als Inspiration für die Kulissen seiner Zeichentrickfilme wie Dornröschen und Cinderella. Selbst das Logo von Disneys Produktionsfirma erinnert an die Silhouette des Schlosses. Neuschwanstein ist heute so bekannt wie der Eiffelturm oder Machu Picchu. Dabei ist es eigentlich ein Fake. Denn als der bayerische Monarch es in der zweiten Hälfte des 19. Jahrhunderts als eine idealisierte Ritterburg errichten ließ, waren Ritter und Ritterburgen schon seit sechs Jahrhunderten passé. Der Bauplatz, Felsen mit einer Ruine gegenüber der Wittelsbacher Sommerresidenz Schloss Hohenschwangau, gefiel ihm schon als Kind, als er mit seiner Mutter stundenlang durch die Gegend wanderte. Erst sollte das Schloss »Neue Burg Hohenschwangau« heißen, um den Burgcharakter hervorzuheben. Die Bühnenbilder von Richard Wagners Opern dienten als Vorlagen. Am 5. September 1869 erfolgte die Grundsteinlegung. 16 Jahre später konnte der König einziehen, aber er lebte insgesamt nur 172 Tage dort.

Die bayerische Regierung entmündigte ihn wegen seiner »maßlosen finanziellen Prasserei«. Der Monarch wurde auf Schloss Neuschwanstein festgenommen und in ein weiteres Schloss der Wittelsbacher gebracht, Schloss Berg am Starnberger See. Drei Tage später fand man seinen Leichnam im seichten Ufer. Seither existieren zahlreiche Mythen über die Todesursache.

Nur sechs Wochen nach dem Tod des Märchenkönigs, im Jahre 1886, durften Besucher das Schloss besichtigen. Was als Rückzugsort eines menschenscheuen Königs gebaut worden war, ist seither Reiseziel von Millionen Touristen aus der ganzen Welt. Durchschnittlich werden 7000 Gäste am Tag durch die Säle geschleust. Neuschwanstein ist heute die Cashcow des bayerischen Tourismus. Man hätte den König nicht zu entmündigen brauchen. Seine Investition hatte sich schnell amortisiert.

Plassenburg Die Burg ist fürstliche Residenz und wehrhafte Festung. Innen wird die Atmosphäre eines deutschen Fürstenhofes der Renaissance lebendig. Macht und Anspruch der Burggrafen von Nürnberg und Markgrafen von Brandenburg werden hier deutlich. ◁

Neuschwanstein Zweifelsohne ist es eines der berühmtesten Schlösser der Welt. Erbaut wurde es von Ludwig II., der auf immer noch ungeklärte Weise im Starnberger See ertrank, nachdem er wenige Tage zuvor genau hier, an seinem Sehnsuchtsort, verhaftet wurde. △△

Schloss Veitshöchheim Üppiges Grün mit Wasserspielen, Lauben, Grotten und Sandsteinfiguren prägen die Parkanlage im französischen Rokokostil. Dem Auge bietet sich Schönheit aus vergangenen Jahrhunderten in verschwenderischer Fülle!

Schloss Herrenchiemsee Bayerns König Ludwig II. baute das Schloss nach dem Vorbild von Versailles. Er eiferte seinem Idol Ludwig XIV. nach, wollte leben wie dieser Sonnenkönig, schaffte es aber nicht mehr, das prunkvolle Bauwerk fertigzustellen.

» Ein ewig Rätsel
will ich bleiben
mir und anderen.

König Ludwig II.,
der bayerische Märchenkönig

Schloss Hohenschwangau Wer sich für den Märchenkönig Ludwig II. interessiert, sollte dieses Bauwerk nicht verpassen. Es liegt nur einen Katzensprung von Neuschwanstein entfernt. Hier war er oft mit seiner Mutter, hier streifte er mit ihr durch die Wälder. Und er begann schon als Kind Burgen und Schwäne zu idealisieren.

Schloss Fürstenried Das ehemalige Jagdschloss am südlichen Stadtrand von München ließ der bayerische Kurfürst Max Emanuel zwischen 1715 und 1717 erbauen. Zwei Jahrhunderte später, 1916, starb hier Otto, der geistig behinderte Bruder von König Ludwig II.

Schloss Nymphenburg Die ehemalige Sommerresidenz der Wittelsbacher ist eine Oase der Ruhe in der Großstadt München. Es gibt einen französischen Gartenteil (hier im Bild) und einen englischen Garten im hinteren Teil.

Schloss Prunn Es thront auf einer exponierten, steilen Felsnase, ist eine Ritterburg, ein Märchenschloss, eine Festung, ein Fundort des Nibelungenliedes. Wer nach Einthal zu Besuch kommt, wird mit einem der schönsten Ausblicke im Naturpark Altmühltal belohnt. ◁

Hohes Schloss Das Hohe Schloss zu Füssen bietet Innenhöfe mit Illusionsmalerei in Vollendung. Es sind die besterhaltenen in ganz Bayern. Über dem Burghof sind zudem die Allgäuer Berge zum Greifen nah – auch eine Illusion. △

Festung Marienberg Die über der Stadt Würzburg thronende Festung ist eine stolze Erscheinung aus alter Zeit. Durch drei Jahrtausende lässt sich die Geschichte verfolgen. Schon um 1000 v. Chr. gab es hier eine keltische Fliehburg.

Würzburger Residenz Über 40 Schlossräume lassen sich hier besichtigen, die eine reiche Fülle von Möbeln, Teppichen, Gemälden zeigen. Viele weitere Kunstschätze werden oft in Ausstellungen, wie über Möbelensembles der Toskanazeit, gezeigt.

Festung Rosenberg Die Höhenburg über Kronach wurde nie bezwungen, nie erobert. Das Nebeneinander von mittelalterlicher, renaissancezeitlicher und barocker Wehrbauarchitektur verleiht der Anlage einen besonderen Charme.

Schloss Johannisburg Aus rotem Sandstein erbaut, thront das Schloss über dem Main in Aschaffenburg. Der Renaissance-Prachtbau ist nicht zu übersehen. Von vielen Ecken dominiert das stolze Gebäude die fränkische Stadt.

Schloss Kaltenberg An drei Juli-Wochenenden wird hier jedes Jahr gekämpft, gefeiert und gelebt wie im Mittelalter. In der Arena und auf fünf Bühnen zeigen Artisten und Gaukler, Musikanten und Tänzer ihr Können.

Schloss Possenhofen Malerisch am Starnberger See gelegen, wuchs hier die Wittelsbacher Prinzessin Sisi auf. Sie wurde als Teenager Kaiserin von Österreich. Es war eine Liebesheirat, was vor mehr als 100 Jahren außergewöhnlich war. ◁

Blutenburg Lange bevor Bayern ein Königreich wurde, war diese Burg die Sommerresidenz bayerischer Herrscher. Die spätgotische Burg von 1501 beherbergt heute die internationale Jugendbibliothek. △

KIRCHEN UND KLÖSTER

Kirchen und Klöster sind architektonische Zeugen des Glaubens und Ausdruck früherer Frömmigkeit. Auch wenn es darüber keine Statistik gibt, hat Bayern wohl die höchste Kirchen- und Klosterdichte in der Bundesrepublik. Wer die prachtvollen Bauwerke besucht, entdeckt Kunstwerke von Weltrang. Oder genießt Postkartenansichten, die man auf der ganzen Welt kennt, wie St. Bartholomä am Königssee. Aber auch das leibliche Wohl kommt nicht zu kurz. In der ältesten Klosterbrauerei der Welt in Weltenburg wird nachweislich seit 1050 Bier gebraut. Nicht minder bekannt ist die Andechser Klosterbrauerei, die mit ihrem berühmten Biergarten und Klosterstüberl nicht nur im Sommer zahlreiche Pilger und andere Touristen auf den »Heiligen Berg« lockt.

Gibt es in Bayern eine göttliche Standleitung nach oben? Nun, die Zahl der Gläubigen sinkt auch im Freistaat. Das verrät die Volkszählung von 2011. Nach neueren Zahlen lebten Ende 2016 hier 6,53 Millionen Katholiken und 2,41 Millionen evangelisch-lutherische Christen. Die Hälfte aller Bewohnerinnen und Bewohner sind also offiziell katholisch – so viele wie in keinem anderen deutschen Bundesland! Kein Wunder, dass die Bayern schon mal Papst waren: durch Benedikt XVI., mit bürgerlichem Namen Joseph Ratzinger. Er diente in den 1970er-Jahren als Bischof von München und Freising. Nach einer Karriere im Vatikan war er von 2005 bis 2013 oberster Hirte der katholischen Kirche und Stellvertreter Christi auf Erden.

In Bayern scheint es diplomatische Beziehungen zum Schöpfer zu geben. Es ist nämlich das Bundesland mit den meisten gesetzlichen Feiertagen. 14 sind es in Gemeinden mit überwiegend katholischer Bevölkerung, elf davon haben kirchlichen Ursprung. In den protestantischen Orten gibt es einen weniger. Es sei denn, man ist pfiffig und besteht auf einen komplett regionalen Extra-Feiertag, wie in Nördlingen, wo das Stabenfest jedes Jahr am ersten Montag nach Muttertag als Deutschlands größtes Fest für Schulkinder gefeiert wird. Oder in Augsburg, wo man beim Friedensfest am 8. August dafür dankt, dass der evangelischen Bevölkerung nach dem Dreißigjährigen Krieg wieder die volle Religionsfreiheit garantiert wurde.

Welch ein Luxus für die bayerischen Arbeitnehmerinnen und Arbeitnehmer, so viele freie Tage zu haben – im Gegensatz zu Berlin mit mickrigen neun Feiertagen. Ministerpräsident Markus Söder hat den Draht nach oben vor Kurzem noch einmal verbessert. Aufgrund seines Kreuzerlasses hängt seit April 2018 in jeder bayerischen Amtsstube gut sichtbar ein Kruzifix. Außer in Bayreuth. Da steht stattdessen im Eingangsbereich des Landgerichts (wie auch in einigen wenigen anderen Behörden Bayerns) der »Engel der Kulturen«. Angeordnet im Ring formen die Zeichen von drei Religionen – das Kreuz für das Christentum, der Halbmond für den Islam und der Davidstern für das Judentum – den Umriss eines Engels. Ja, es ist wohl amtlich: Gott steht uns bei.

Kloster Weltenburg Die barocke Klosteranlage liegt beeindruckend am »Bayerischen Grand Canyon«, wie die Weltenburger Enge manchmal genannt wird. Neben einer sehenswerten Kirche gibt es hier auch die älteste Klosterbrauerei der Welt und einen imposanten Biergarten.

» Denke nicht so oft an das, was dir fehlt, sondern an das, was du hast.

Marc Aurel, römischer Kaiser

Kloster Andechs Das Kloster liegt auf dem bayerischen Jakobsweg und ist nicht nur wegen seiner buchstäblich herausragenden Lage berühmt, sondern auch für seine Klosterbrauerei. Pilger, die hier übernachten, bekommen den Gerstensaft zur Stärkung als Dreingabe.

St. Bartholomä Die Kirche am Königssee ist jedes Jahr am ersten Samstag nach dem Bartholomäustag (24.8.) Ziel der Almer Wallfahrt. Die Pilger wandern vom österreichischen Maria Alm über das Steinerne Meer. Es ist die älteste Hochgebirgswallfahrt der Welt.

Augustiner-Chorherrenstift Lange vor dem Märchenkönig waren auf der Herreninsel die Augustiner-Chorherren. Einige ihrer prachtvollen Räume haben sich bis heute erhalten. 1803 wurde ihr Kloster säkularisiert.

Kloster Seligenthal Das Landshuter Kloster gehört zum Orden der Zisterzienserinnen. Die Klosterkirche Mariä Himmelfahrt stammt aus dem 13. Jahrhundert – sie wurde 500 Jahre später im Rokoko-Stil umgebaut – und ist die Begräbnisstätte der Wittelsbacher Herzöge.

Freisinger Dom Der Dom St. Maria und St. Korbinian wird inoffiziell »Mariendom« genannt. Der Volksglaube besagt, dass es gegen Rückenschmerzen hilft, unter den Gebeinen des heiligen Nonnosus, dessen Sarg sich in der Krypta befindet, hindurchzukriechen.

Frauenkirche Der Dom »Zu Unserer Lieben Frau« ist eines der Wahrzeichen der Stadt München. Die spätgotische Kirche aus dem 15. Jahrhundert hat zwei charakteristische Türme mit knapp 100 Metern Höhe. ◁

St. Peter Die Kirche St. Peter ist die älteste Pfarrkirche Münchens. Ihr Turm, bekannt als Alter Peter, zählt zu den besten Aussichtspunkten über der Stadt. Das Neue Rathaus ganz in der Nähe wurde 1905 im damals beliebten Baustil der Neugotik fertiggestellt. △

Heilige Grabkirche Neben der Pfarrkirche prägt die Heilige Grabkirche das Stadtbild von Deggendorf in Niederbayern. Ihr Turm gilt als schönster barocker Kirchturm Bayerns. Er wurde vom berühmten Münchner Baumeister Johann Michael Fischer errichtet.

Martinskirche Zu den Sehenswürdigkeiten in Landshut gehört die Kirche St. Martin und Kastulus mit dem höchsten Backsteinturm der Welt. Berühmt ist die Stadt auch für die Landshuter Hochzeit, ein mehrwöchiges Fest, das alle vier Jahre veranstaltet wird.

Kloster Roggenburg Das Kloster wurde im Jahre 1126 als Prämonstratenserkloster gegründet. Die Roggenburger Klosterkirche ist eine der bedeutendsten Bauten des Rokoko in Bayerisch-Schwaben. △

Kloster Diessen Das ehemalige Kloster des Augustiner-Chorherrenstifts wurde nach schweren Zerstörungen im Dreißigjährigen Krieg wiederaufgebaut. Die Klosterkirche wurde von 1720 bis 1728 von Michael Fischer im barocken Stil erbaut. ▷

Kloster Metten Das Wahrzeichen des Klosters ist die barocke Kirche mit ihren Zwiebeltürmen. Die Benediktiner führen hier noch eine lebendige Ordensgemeinschaft nach der Regel des heiligen Benedikt »ora et labora« (bete und arbeite).

Erzabtei St. Ottilien Benediktinermönche sind auch in Eresing im Landkreis Landsberg am Lech angesiedelt. Sie leiten ein Gymnasium für Mädchen und Jungen, betreiben Landwirtschaft, eine Druckerei und haben als einziges Kloster Bayerns einen eigenen Bahnhof.

VOTIVKAPELLE Zum Gedenken an König Ludwig II. steht oberhalb der Stelle im Starnberger See, an der sein Leichnam gefunden wurde, eine Gedächtniskapelle. Jedes Jahr am Sonntag nach Ludwigs Todestag (13.6.) findet hier ein feierlicher Gottesdienst statt. △

KLOSTER ATTEL Das Wasserburger Kloster wurde erstmals im Jahre 807 erwähnt. Die frühere Benediktinerabtei fiel 1803 der Säkularisation zum Opfer. Heute werden die Gebäude von der Stiftung Attl für die Unterbringung und Pflege von Menschen mit Behinderung genutzt. ◁

NATUR UND KULTUR

München leuchtet. Korrekt lautet das Zitat von Thomas Mann »München leuchtete«. Der spätere Literatur-Nobelpreisträger drückte in der 1902 erschienenen Novelle »Gladius Dei« seine ambivalente Beziehung zur Kultur der Stadt aus. Und heute? München leuchtet immer noch. Es glüht, strahlt, glitzert und blitzt. Zum Beispiel im Deutschen Museum. So viele Meisterwerke der Technik gibt es sonst nirgendwo. Der Show-Klassiker ist die tägliche Vorführung der Hochspannungsanlage. Dann schlägt der Blitz ein und der Faradaysche Käfig steht unter Starkstrom, während ein Mitarbeiter seelenruhig im Inneren ausharrt. Aber nicht nur Hochspannung können Gäste hautnah erleben. Vom ersten Dieselmotor bis zum Flugsimulator, vom Airbus-Rumpfquerschnitt bis zum Kernspaltungstisch – wer sich für Technik begeistert, kann sich hier tagelang beschäftigen.

Strahlende zwei Wochen gibt es auf der Wiesn. Auf Hochdeutsch auch Oktoberfest genannt. Bierzelte, Fressbuden und Fahrgeschäfte fluten mit ihren blinkenden Lichtern den Himmel über der Theresienwiese. Ursprung des größten Volksfests der Welt war die Hochzeit von Prinzregent Ludwig von Bayern, dem späteren König Ludwig I., und Prinzessin Therese von Sachsen-Hildburghausen am 12. Oktober 1810. Was München-Neulinge mitunter verwundert: Der größte Teil der Wiesn findet nicht im namensgebenden Oktober statt, sondern im September. Dann ist das Wetter sommerlicher für die teils leicht bekleideten Millionen von Partygästen aus aller Welt. Auch das größte Schlauchboot der Welt, wie das für die WM 2006 erbaute Fußballstadion von den Fans tituliert wird, leuchtet. Das »FC Bayern Wohnzimmer« strahlt in Rot, wenn die Bayern spielen. Blau war die Farbe für die zweite Münchner Fußballmannschaft, 1860 München, die Löwen. Nach dem Absturz in die Regionalliga mussten die Löwen aber zurück in ihr ursprüngliches Stadion an der Grünwalder Straße. Seit 2017 hat der Rekordmeister Bayern die Spielstätte nun ganz für sich allein. Nur noch rot also? Nein! Anlässlich des irischen St. Patrick's Day am 17. März leuchtet das Wohnzimmer des FC Bayern München in grün. Und anlässlich des Christopher Street Day werden in der Allianz Arena die Farben des Regenbogens angeknipst, um ein Zeichen für Toleranz und gegen Homophobie und Diskriminierung jeder Art zu setzen.

Leuchtphänomene faszinieren auch am Chinesischen Turm im Englischen Garten, wo es romantisch glitzert, wenn bis 23 Uhr reges Treiben im Biergarten herrscht. Mehr Licht, weniger Schwerkraft und im übertragenen Sinne mehr Transparenz war das Motto für das Olympiastadion. Mit seinem futuristischen Dach gilt es bis heute als die glanzvollste deutsche Architektur der Moderne.

Längst hat das berühmte Zitat Thomas Manns ein Eigenleben entwickelt. Schöner und stolzer kann man kaum auf die geglückte Verbindung von Natur und Kultur verweisen.

Deutsches Museum Auf einer Insel in der Isar mitten in München erhebt sich eines der größten technischen Museen der Bundesrepublik. Es gibt auch eine Sternwarte. Aus ihren Kuppeln kann man mit Teleskopen in ferne Galaxien sehen.

» Es kommt alles auf die Umgebung an.
Die Sonne im lichten Himmelsraume
hat eine viel geringere Meinung von sich
als die Unschlittkerze, die im Keller brennt.

Marie von Ebner-Eschenbach

Zugspitze Hier ist Deutschlands höchster Arbeitsplatz – für Meteorologen. Die Wetterwarte auf der Zugspitze liegt auf einer Höhe von 2962 Metern und kann nach Voranmeldung besichtigt werden. An manchen Tagen gibt es hier eine Sicht von bis zu 265 Kilometern.

Olympiaturm In 181 Metern Höhe gibt es ein Drehrestaurant. Eine knappe Stunde dauert eine Runde. Am besten reserviert man an einem klaren Tag dort vor Dämmerung. Dann sieht man das Alpenpanorama genauso gut wie hier. Und erlebt den Sonnenuntergang (gefühlt) zweimal. △

Englischer Garten Münchens grünes Wohnzimmer ist die größte Stadtparkanlage Deutschlands. Von der Nordspitze bis zum Südende misst der Park eindrucksvolle zehn Kilometer. Ganz oben im Norden weiden Schäfer ihre Heidschnucken-Herden. ▷

Olympiastadion Unter dem filigranen Zeltdach des Olympiastadions fand 1972 die Eröffnungsfeier für die Olympischen Spiele von München statt.

Allianz Arena Im »Schlauchboot«, wie der Volksmund die Allianz Arena nennt, fand 2006 die Eröffnungsfeier für die Fußball-Weltmeisterschaft statt.

AUGUSTINER BRÄU
Pschorr Bräurosl
Löwenbräu. Ein Bier wie Bayern.

Theresienwiese Bereits seit dem allerersten Oktoberfest im Oktober 1810, anlässlich der Vermählung des Kronprinzen Ludwig von Bayern mit Therese von Sachsen-Hildburghausen, trägt die Theresienwiese ihren Namen – zu Ehren der Braut. △

Oktoberfest Das größte Volksfest der Welt funktioniert gut zwei Wochen lang wie eine eigenständige Stadt, mit Zelten, Ständen, Fahrgeschäften, aber auch einer Polizeistation, einem Fundbüro, Krankenstationen und Gottesdiensten. ◁

Walhalla In der Gedenkstätte in Donaustauf im Landkreis Regensburg werden, ursprünglich auf Veranlassung des bayerischen Königs Ludwig I., bedeutende Persönlichkeiten »teutscher Zunge« mit Marmorbüsten und Gedenktafeln geehrt. △

Befreiungshalle Auch der Rundbau auf dem Michelsberg in Kelheim ging auf das Konto von König Ludwig I. Er ließ die Gedenkstätte für die siegreichen Schlachten gegen Napoleon in den Befreiungskriegen und als Mahnmal für die Einheit Deutschlands errichten. ▷

DEN TEUTSCHEN
BEFREIUNGSKAEMPFERN
LUDWIG I
KOENIG VON BAYERN
MDCCCLXIII

» Wenn Berge da sind,
weiß ich, dass ich da hinaufgehen kann,
um mir von oben eine neue Perspektive
vom Leben zu holen.

Hubert von Goisern,
österreichischer Musiker

Zugspitze Das Gipfelkreuz markiert den höchsten Punkt Deutschlands. Trittsicherheit, Schwindelfreiheit und Kondition vorausgesetzt, kann man nach 2200 Höhenmetern und 8 Stunden Wanderung hier ankommen. Oder man nimmt die Seilbahn. Ihre Fahrt dauert lediglich 10 Minuten.

REGISTER

IMPRESSUM

Danksagung

An dieser Stelle möchte ich mich bei meinen Piloten bedanken, die mich über die letzten Jahre mit ihrem Einsatz und fliegerischen Können immer unterstützt haben. Mein besonderer Dank geht an Manuel Ringler und Ben Ouayoun.
Daniel Reiter

Karin Lochner dankt der Firma Deuter, die sie mit Rucksäcken für die Expeditionen durch Bayern ausstattete, der Firma Meindl für die bequemen Wanderschuhe und der Firma Leki für die Stöcke, die durch unwegsames Gelände eine große Hilfe waren. Danke ebenso an die Firma Maier Sports für die unkaputtbaren Hosen.

Verantwortlich: Sabine Klingan
Lektorat und Redaktion: Christian Schneider
Layout: Nina Andritzky
Repro: Repro Ludwig Prepress
Herstellung: Bettina Schippel
Printed in Slovakia by Neografia Bratislava

★★★★★

Sind Sie mit diesem Titel zufrieden? Dann würden wir uns über Ihre Weiterempfehlung freuen.

Erzählen Sie es im Freundeskreis, berichten Sie Ihrem Buchhändler, oder bewerten Sie bei Onlinekauf.
Und wenn Sie Kritik, Korrekturen, Aktualisierungen haben, freuen wir uns über Ihre Nachricht an den J. Berg Verlag, Postfach 40 02 09, D-80702 München
oder per E-Mail an lektorat@verlagshaus.de

Unser komplettes Programm finden Sie unter www.j-berg-verlag.de

Alle Angaben dieses Werkes wurden von Fotograf und Autorin sorgfältig recherchiert und auf den neuesten Stand gebracht sowie vom Verlag geprüft. Für die Richtigkeit der Angaben kann jedoch keine Haftung übernommen werden, weshalb die Nutzung auf eigene Gefahr erfolgt. Sollte dieses Werk Links auf Webseiten Dritter enthalten, so machen wir uns die Inhalte nicht zu eigen und übernehmen für die Inhalte keine Haftung.

In diesem Buch wird aus Gründen der besseren Lesbarkeit das generische Maskulinum verwendet. Weibliche und anderweitige Geschlechteridentitäten werden dabei ausdrücklich mitgemeint, soweit es für die Aussage erforderlich ist.

Empfehlung der Redaktion

Sie sind auf der Suche nach weiterführender Literatur? Dann empfehlen wir Ihnen den Titel **Bayerns Sagenhafte Landschaften** von Mirko Fikentscher und Marianne Huber. Oder Sie werfen einen Blick in die Zeitschrift BERGSTEIGER. Hier werden Sie bestimmt fündig.

Bildnachweis: Alle Bilder im Innenteil und auf dem Umschlag stammen von Daniel Reiter

S. 1: Alpenpanorama

S. 2/3: Die Hafeneinfahrt von Lindau am Bodensee

S. 4/5: Uferlandschaft am Ammersee

S. 6/7: Die Steinerne Brücke in Regensburg

S. 8/9: Flughafen München

S. 238/239: Blick über München Richtung Süden

Umschlagvorderseite (v. oben n. unten): Ammerseeufer; Blick auf Hofgarten, Feldherrnhalle und Odeonsplatz, München; Wald bei Hundsdorf, LKreis Weißenburg-Gunzenhausen

Umschlagrückseite (v. links oben n. rechts unten): Landschaft in der Nähe von Mohnheim; Kampenwand, Chiemgau; Viktualienmarkt, München

Die Deutsche Nationalbibliothek verzeichnet diese Publikation in der Deutschen Nationalbibliografie; detaillierte bibliografische Daten sind im Internet über http://dnb.d-nb.de abrufbar.

Infanteriestraße 11a
80797 München

ISBN 978-3-86246-839-3